居宅介護支援専門員のためのケアマネジメント入門 ②

認知症高齢者を支える
ケアマネジメント

著者 土屋典子●春日武彦●長谷憲明

瀬谷出版

◎参考文献

竹中星郎著『明解痴呆学―高齢者の理解とケアの実際』(日本看護協会出版会)

痴呆ケア学会編『痴呆ケアの基礎』

痴呆ケア学会編『痴呆ケアの実際Ⅰ　総論』

松下正明／金川克子著『個別性を重視した痴呆性高齢者のケア』(医学芸術社)

『国際生活機能分類　国際障害分類改定版』(中央法規)

クリスティーン・ボーデン著『私は誰になってくの?』(クリエイツかもがわ)

自立支援のケアプランのあり方研究会「ICFを活用した自立支援のアセスメントの試案　自立支援のケアプランをめざして」2004年　東京都調布市福祉部介護保険課

ベッキー・ファースト／ローズマリー・チャピン著『高齢者・ストレングスモデル　ケアマネジメント』(筒井書房)

はじめに

　今、目の前にいる人の「望む暮らし」が実現できるよう支援していくこと——それが私たちケアマネジャーの役割である。そう思ってこの5年間、ケアマネジメントに専念してきた。
　ところがある時期から、「本当にこれでいいのだろうか？」と、納得のいく仕事ができていない自分に気づくようになった。
　夫の介護負担のためにデイサービスに通い始め、1日中大声で「帰してちょうだい」と訴えるA子さん、「早く迎えに来て助けて」と事務所に何度も電話をしてくるBさん、「仕事しないと妻子が養えないから」と毎日多摩川方面に歩いて行ってしまうCさん。
　そんな1人ひとりの利用者、そして、ケアする家族を前にして、その人の希望は何なのか、何をどうすればよいのかわからず、情けないことに途方に暮れてしまったのである。
　その人を知り、信頼関係をつくることから始める。その人の力を生かす。頭ではわかっていても、その原則はなかなか実践のレベルで生かすことができない。目の前にはたくさんの利用者がいて、家族はへとへとに疲れてしまっているのに。
　そんな混乱の中、春日先生はこともなげにこうおっしゃった。
　「一緒ですよ。認知症だって、普通の人だって、精神の人だって、基本は一緒。特別じゃない。認知症の人が丁寧にできる人は、普通の人も丁寧にみられるでしょう。ただ、最低限の認知症についての医療の知識、これは知っていないといけませんよね」
　疾患としての認知症については押さえていなければならない。けれど大切なことは、基本に立ち戻ること、その人の暮らし方、考え方に丁寧にかかわり続けることであると。先生の言葉で少し目が覚めたような気がした。
　折しも認知症高齢者ケアについては、制度がめまぐるしく変化し始めてきている時期である。サービス資源が質・量ともに不十分な中で適切なケアマネジメントを行うためには、国の方針・施策がどのような方向に進んでいくのか、「情報」を押さえておかなければ、さらに途方に暮れるばかり。この点については、前回同様、長谷さんのお力でわかりやすくまとめていただくことができた。
　自分にできることは最大限努力し、できないところはその道の専門家に助けていただく。そうした協働作業の中でよりよいものが生まれてくる。
　今回の執筆にあたって学んだのはまさにそのことであり、おそらくこの「協働のプロセス」が、今の認知症高齢者ケアの現場で最も必要とされていることではないかと思っている。

2005年5月　　　　　　　　　　　　　　　　　　　　　　　　　土屋典子

認知症高齢者の ケアマネジメントのツボ

その1　医療との連携をスムーズに行おう！

◎認知症の初期における確定診断は欠かせません。

- その理由　➡　18ページ
- 家族の認識レベルに合わせた対応法　➡　26〜28ページ

↓ そして

◎初期の確定診断、その後の経過把握にも医師との連携が必要です。　重要!!

- 受診時のポイント　➡　29〜30ページ

その2　認知症についてきちんと知っておこう！

◎利用者の希望に沿ったよりよいケアマネジメントのために、認知症の医学的特徴を知っておきましょう。

- 本人情報の入手のポイント　➡　46〜55ページ
- 認知症の基礎知識　➡　106〜114ページ

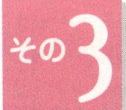 ## アセスメントのしかたを工夫しよう！

◎認知症の利用者が、本当は何を求めているかを知ることは困難を伴う場合がありますが、いくつかの工夫が考えられます。「基本情報シート」「アセスメントシート」を活用してより利用者のニーズに近づくように工夫してください。

| アセスメントの方法 ➡ 42～59ページ |
| 「基本情報シート」「アセスメントシート」の使い方 ➡ 76～83ページ |
| コピーして使える「基本情報シート」 ➡ 84～87ページ |
| 「アセスメントシート」の書き方見本 ➡ 88～95ページ |
| コピーして使える「アセスメントシート」 ➡ 96～103ページ |

 ## 新制度について知っておこう！

◎18年度改正では、地域密着型サービスの創設など、認知症高齢者ケアにおいても重要な改正があります。

| 制度改正について ➡ 131～152ページ |

目次

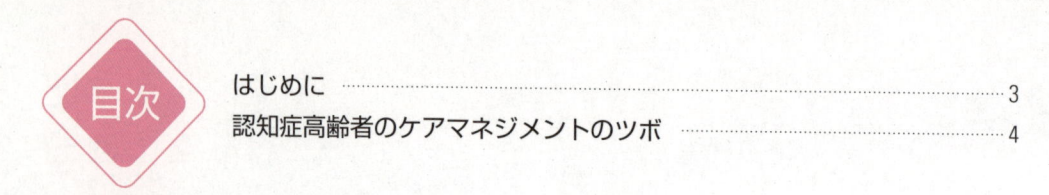

はじめに ……………………………………………………………………………………… 3
認知症高齢者のケアマネジメントのツボ ………………………………………………… 4

第1章 認知症ケアマネジメントの基本
認知症高齢者・家族のためにできること …………………………………………… 9

① 認知症高齢者ケアの新しい考え方 ………………………………………………… 10
1 ◆◆◆ 認知症高齢者のメッセージを受け取ろう ……………………………………… 10
2 ◆◆◆ 在宅ケアの現場でケアマネジャーは何ができるか …………………………… 11

② 認知症高齢者・家族へのサポート ………………………………………………… 14
1 ◆◆◆ 本人へのサポート ………………………………………………………………… 14
2 ◆◆◆ 家族へのサポート ………………………………………………………………… 15
3 ◆◆◆ 初期の確定診断の必要性 ………………………………………………………… 18

コラム 失われていく自分を取り戻すための「自叙伝」 ………………………………… 20

第2章 認知症高齢者を支える ケアマネジメントマニュアル
ケース発見からモニタリングまでポイント解説 …………………………………… 21

ケアマネジメントのプロセス ……………………………………………………………… 22

① ケース発見 …………………………………………………………………………… 24

② 相談・面接 …………………………………………………………………………… 25
1 ◆◆◆ 利用者との面接 …………………………………………………………………… 25
2 ◆◆◆ 家族介護者との面接 ……………………………………………………………… 26
3 ◆◆◆ 初期の確定診断と家族の認識のためのアセスメント ………………………… 26
4 ◆◆◆ 在宅と施設のつなぎのためのアセスメント …………………………………… 28
5 ◆◆◆ 医療との連携 ……………………………………………………………………… 29

③ 要介護認定調査 ……………………………………………………………………… 31
1 ◆◆◆ 認定調査員としての心構え ……………………………………………………… 31
2 ◆◆◆ 認定調査にあたっての基本的な視点 …………………………………………… 31
3 ◆◆◆ 調査方法 …………………………………………………………………………… 32

④ 契約 …………………………………………………………………………………… 39
1 ◆◆◆ 成年後見制度 ……………………………………………………………………… 39
2 ◆◆◆ 地域福祉権利擁護事業（福祉サービス利用援助事業） ……………………… 41

⑤ アセスメント ……………………………………………………… 42
1 ◆◆◆ アセスメントを始める前に ……………………………… 42
2 ◆◆◆ 合意形成から生まれるニーズ ……………………………… 43
3 ◆◆◆ 情報収集 ……………………………………………… 45
4 ◆◆◆ 本人の情報を入手するにはどうするか ── 医療面からのアドバイス ── 46
5 ◆◆◆ 家族の情報を入手するにはどうするか ……………………… 56
6 ◆◆◆ 入手した情報を分析する ………………………………… 58

⑥ 居宅サービス計画（ケアプラン）原案 ………………………… 60
1 ◆◆◆ 第1表「居宅サービス計画書（1）」のつくり方 ……………… 60
2 ◆◆◆ 第2表「居宅サービス計画書（2）」のつくり方 ……………… 64

⑦ サービス担当者会議 ……………………………………………… 68

⑧ 居宅サービス計画（ケアプラン）……………………………… 69

⑨ サービスの実施と経過把握 ……………………………………… 70
1 ◆◆◆ サービスの実施 ……………………………………… 70
2 ◆◆◆ 情報処理 ……………………………………………… 71

⑩ モニタリング …………………………………………………… 73
1 ◆◆◆ モニタリングの基準 ………………………………… 73
2 ◆◆◆ ケアプランの限界を自覚しておこう ……………………… 75
3 ◆◆◆ 新しい制度を上手に利用しよう …………………………… 75

資料 ICFを活用した認知症高齢者のアセスメント ……………… 76
1 ◆◆◆ アセスメントにICFの視点 ……………………………… 76
2 ◆◆◆ アセスメントの構成 ………………………………… 77
3 ◆◆◆ 「基本情報シート」への記入方法 ………………………… 77
4 ◆◆◆ 「アセスメントシート」への記入方法 ……………………… 80
「基本情報シート」…………………………………… 84
「アセスメントシート」記入例 ……………………… 88
「アセスメントシート」……………………………… 96

コラム 認知症コーディネーター ………………………………… 104

第3章 認知症の基礎知識 …………………………………… 105

① 認知症の医学的特徴 ……………………………………………… 106
1 ◆◆◆ 認知症の定義 ……………………………………… 106
2 ◆◆◆ 認知症には、どのような種類があるか …………………… 108

② 生活場面で見られる精神症状や行動障害 ……………………… 111

③ 認知症の疑いが生じたら ………………………………………… 114

第4章 認知症高齢者を支える制度 ……… 115

1 認知症高齢者の地域での暮らしとケアマネジャーの役割 ……… 116
- 1 高齢者にとって、住まいは"自分の城" ……… 116
- 2 判断能力と意思能力 ……… 117
- 3 リロケーションダメージが「生きる力」を奪っていく ……… 117
- 4 地域における受け入れ・支え合い ……… 119

2 認知症高齢者が地域で暮らすための制度 ……… 121
- 1 地域の社会資源を活用する方法 ……… 122
- 2 重視される市(区)町村、都道府県の役割 ……… 124

3 認知症高齢者グループホームの積極的活用 ……… 125
- 1 急拡大するグループホーム ……… 125
- 2 認知症高齢者グループホームの現状 ……… 126
- 3 地域で受け入れられるグループホームをつくる ……… 129

4 新・介護保険制度への法律改正の方向 ……… 131
- 1 18年度改正で変わるポイント ……… 131
- 2 改正による負担の増大と給付の見直し ……… 133
- 3 制度改正一覧 ……… 134

5 新・介護保険制度下の新しいサービス体系 ……… 137
- 1 地域包括支援センター ……… 138
- 2 介護予防 ……… 140
- 3 地域密着型サービス ……… 143
- 4 居住系サービスの体系的見直し ─ 在宅重視へ ……… 145
- 5 住まいの見直しの方向 ……… 147
- 6 人材確保の取り組み ……… 151

6 認知症高齢者を保護するための機関・関連法 ……… 153
- 1 不要なものをだまされて買わされた場合 ……… 153
- 2 虐待の可能性がある場合 ……… 154
- 3 提供されている介護サービスに問題がある場合 ……… 154
- 4 契約等を行う判断能力・意思能力が失われた場合 ……… 154

7 結び ……… 156
- 1 まず「暮らし続けられること」を考えよう ……… 156
- 2 暮らし続けることが困難になった場合の選択肢 ……… 156
- 3 転居した場合の対応 ……… 157
- 4 21世紀の新しい関係 ……… 158

コラム 善意の罠 ……… 159

第 1 章

認知症ケアマネジメントの基本

認知症高齢者・家族のためにできること

土屋典子

認知症高齢者ケアの新しい考え方 ▶ 10ページ
認知症高齢者・家族へのサポート ▶ 14ページ

認知症高齢者ケアの新しい考え方

▶声にならない訴えを受けとめます

1 ⋯ 認知症高齢者のメッセージを受け取ろう

◨「問題行動」から「行動障害」へ

　従来の認知症高齢者ケアの理念においては、認知症になったことへの同情を伴った「心情的なケア」が大きな位置を占めていました。いってみれば、認知症になってしまった気の毒なお年寄りをお世話してあげる、という介護のあり方が主流だったということになります。

　そして、認知症高齢者が行ってしまう徘徊、攻撃行動などを「問題行動」と捉え、こうした行動に対応することに重点を置く「対応型ケア」が行われていました。

　この「対応型ケア」は、問題の解決を目指すものではないことが明らかであったにもかかわらず、ケアのあり方として長く主流を占めていました。

　こうした対症療法的であり、問題行動を「問題」としてしか見ない動きに対して出てきたのが、認知症高齢者の特性に合わせたケアであり、その人の心の動きを知り、その人を中心として、その生き方をサポートするという援助方法です。

　この援助方法では、問題行動を「行動障害」と認識し、徘徊や攻撃行動そのものよりも、そうした行動障害が起きる背景のほうに注目します。

◨ 言葉にならないメッセージを受け止めよう

　例えば、Aさん（70歳）という初期のアルツハイマー型認知症の利用者が、デイサービスに参加中の午後1時ごろ、不安げな様子で玄関付近を歩いていたとします。

　この場合、スタッフはなぜAさんが不安そうにしているのか、Aさんの心の動きを知ろうとします。そして、食後のコーヒーが欲しくて、なんとなく落ち着かないのか、それともトイレに行きたいのにそれが言えずにいるのか、それとも現役時代の営業の仕事を思い出し、営業に出かけなければいけないと焦っているのかなど、Aさんを不安にさせている要因を探っていきます。

　この答えを探し出すためには、Aさんが若いころに営業マンとして活躍した事実や家族とのかかわりなどの生活歴、食後はコーヒーを飲むという生活習慣、癖、最近の行動など、Aさんについてより深く知っておくことが大切です。

そして、Aさんの言葉にならない行動によるメッセージの意味がわかった時、スタッフは初めてAさんの真の希望に沿った「かかわり方」を行うことができ、Aさんの不安げな表情は解消されるのです。

こうしたケアには、うそやごまかしなどは存在しません。Aさんからのメッセージを受け止めることで、Aさん自身が尊重されます。

このように、問題行動を「問題」とせず、認知症の人が何かを伝えようとしている試みであると捉え、そのメッセージを理解する努力からケアを行うという新しいケア理念が、最近の認知症ケアの中に入ってきています。

2 在宅ケアの現場でケアマネジャーは何ができるか

◻ 認知症高齢者が置かれている状況

上で述べた問題行動をメッセージとして捉える認知症ケアの理念は、残念なことに、具体的なケアの現場には浸透していないのが現状です。

さらに、ケアの技術についてみても、多くの課題があります。それは大きく次の3つに整理できます。

- ケア理念にもとづいた認知症ケアの方法論が蓄積されていない
- 方法論を取得するための研修体制が不十分
- 質の高い技術を有する人材の養成がなされていない

したがって、認知症ケアの方法論にもとづくケア技術の向上と、そのための人材養成が急務といえます。

また、サービスメニューや種類自体が非常に限られてしまっています。それは、これまでの高齢者サービス体系では、認知症高齢者ケアの具体的な姿が想定されていなかったのではないかと思えるほどです。そのうえ、実際に利用できる事業所数も少なく、認知症高齢者が在宅で生活するための資源は、地域の中に十分整っているとはいえない状況です。

そして、認知症高齢者が自分自身のこれからについて相談する場所がなかったこと、介護者が今後の対応について不安を話す場所が少ないこと、さらに、認知症高齢者を援助するために必要な医療や福祉の資源が地域の中で統合されたシステムとして機能していないことも大きな問題です。つまり、個々のサービスや相談窓口などがばらばらに動いていて1つの流れになっていないため、家族、本人、関係者は混乱し、ますます問題が複雑になっているのです。

在宅の利点を生かしたケアをしよう

　これまで認知症高齢者のケアについては、「施設」における「介護職」によるケアに主眼が置かれてきました。

　施設では、介護スタッフをはじめ、多くのスタッフがその方と多くの生活時間を共有しています。そのため、必要な情報をスムーズかつ適切に得ることが可能です。また、複数の専門職が同じフロアで時間を過ごし、同じ場面に立ち会うことも多いため、専門職間、スタッフ間の情報共有、連携も非常にスムーズです。

　一方、在宅ではどうでしょう。まず利用者本人と共有する時間が少ないため、ケアマネジャー自身が利用者本人から得られる情報量が圧倒的に少ないのではないでしょうか。また、関係するサービス提供スタッフも、みなばらばらに利用者本人宅を訪ねるため、専門職間、スタッフ間の情報共有、連携も非常に難しくなります。

　このように、在宅のケアマネジャーと施設のケアマネジャーを比べてみると、在宅における情報収集の限界、連携を行ううえでの困難さなどで、施設に比べて在宅のほうがかなり不利な環境に置かれていることは明らかです。

　しかし、在宅とはその方が住み慣れた、なじみの環境です。そして、単身の方は除かれますが、多くの場合は誰よりもその人のことをよく知る家族が身近にいることなどから、本人にとって、その人らしい生活を送るうえでのプラス要因も多くあるといえるでしょう。

　つまり、先ほどの情報収集、スタッフ間の連携の困難さを克服すれば、人的・物的環境を生かした、よりよいケア体制を構築できる可能性があるのです。

　在宅で情報収集を賢く行うには、情報収集の方法の工夫と収集した内容の選別が必要です。詳しくは46ページからの情報収集の項を参照してください。

　また、スタッフ間の連携のために各サービス担当者と情報を共有する工夫をしましょう。専門スタッフにしかわからない医学的なことや家族でしかわからない日常生活の様子などを聞きとり、評価してアセスメントシート（88ページ～）の「B　現在の状態」「C　本人の潜在的能力」に記入します。そのうえで、よりよい方向性を示していきましょう。

在宅でのケアマネジャーの役割

　在宅ケアにおいて、ケアマネジャーはどのような位置に立つべきなのでしょうか。おそらく、ケアマネジャーは利用者をとりまく関係者の誰よりも――家族よりヘルパーより、ともするとデイケアのスタッフよりも――その人と接する時間の少ない存在であることを、まず自覚しましょう。つまり、物理的に利用者に最も近しくない存在になりかねないことを意識することです。

こうした条件であることをまず頭においたうえで、①情報の収集・整理・共有・管理、②利用者の代弁、③ケアの方向性の提示の3つの役割をきちんと果たしていきましょう。以下、これらの役割について述べます。

役割① 情報の収集・整理・共有・管理

ケアスタッフが実践の場面において把握した情報を速やかに収集し、何が必要で、何が必要ないかを整理します。それらの情報は関係するスタッフに速やかに報告し、離れた職場にいる専門職間で共有できるようにします。

そして、こうした情報を分析する中で課題を明確にし、ケアの方向性を定めて、その利用者にとってのよりよいケアの環境づくりを具体的に導き出し、それを利用者とケアスタッフにフィードバックしていきます。

役割② 利用者の代弁

ケアマネジャーはあくまでも利用者本人の代弁者であることを忘れずに、その人の望む暮らし方ができるよう努力します。

多くの関係者と調整を重ねる中では、ケアの方向性について意見が食い違うことも当然生じてくるでしょう。また、疲れた家族を前にした時、どうしても家族の意見を最優先させなければいけないように思うこともあるかもしれません。

しかし、ケアマネジャーはどのような場合にあっても、利用者にとってのよりよいケアを追求していくという原点に戻る必要があります。もし判断に迷った時には、「この人にとっての安心できる生活とは何か」という視点に立ち返ってみましょう。

こうした作業を繰り返し、修正を重ねて、その人の望む暮らし方についての漠然としたイメージを徐々に形にしていく、その努力を惜しまないことが、認知症ケアにおいてケアマネジャーに求められる役割のうちでも、最も重要な部分になるのかもしれません。

役割③ ケアの方向性の提示

ケアマネジャーは、これまで述べたような本人、家族、ケアスタッフとのやり取りの中で、ケアの方向性を整理し、また、個々のケアスタッフ、サービスに対して、個別ケアの方法のためのヒントを提示します。

つまり、常にその利用者の代弁者としての位置を保ちながら、個別の情報からその人の全体をつかみ、進むべき道と、個別のケア段階でのポイントを提示していく、まさにその利用者のための「交通整理人」としての役割が強くなるといえるでしょう。

認知症高齢者・家族へのサポート

▶本人・家族が安心して暮らせるようにします

　ケアマネジャーが認知症高齢者の方の担当になった場合、特に知っておいたほうがよいことについて述べていきます。

1 ◆◆◆ 本人へのサポート

　本人へのサポートにおいては、認知症高齢者が抱える不安や、能力が失われていくことに対処するための工夫が必要となります。

サポート① 仲間づくりのお手伝いをする

　軽度の認知症高齢者は、非常に混乱しています。自分が自分でなくなっていくことの不安、どこかに迷い込むような不安。こうした不安や恐怖は当の本人以外にはなかなか理解できないものです。
　こうした場合、自分と同じ気持ちの人と出会い、話をしてその不安を共有することで、どれだけその不安が改善されることでしょう。
　これからの認知症ケアに必要とされるのは、まず自分の物忘れのことを気軽に話し合える場、仲間の存在ではないでしょうか。隠すのではなく、「なんだかこんなことがあってね」と、自分の不安を気兼ねなく仲間たちに話せる場が必要です。
　ケアマネジャーはこうした場を探し、ない場合にはつくっていくことが求められます。

サポート② 代弁者、支えてくれる人の存在を発掘する

　認知症の高齢者は、自分に起きていることを自分では人に伝えられなくなります。今言おうとしたことを忘れてしまい、大切なことを相手に伝えることができなくなります。
　そこで、自分の気持ちを正確に他者に伝えてくれる存在、つまり自分の気持ちの代弁者が非常に重要となります。こうした役割を家族が担ってくれる場合があるかもしれません。しかし本人へのケアにストレスを感じることの多い家族には、本人の気持ちにゆとりを持って寄り添うことが、ともすると非常に困難になる場合もあります。

そのような時に、その人の要望に個別に対応し、その人自身を力づけ、自信を取り戻せるような働きを行う他者が必要です。こうした存在を最近ではケアパートナーといいます。ケアパートナーは、サービス担当者の中に見出すこともできるかもしれません。ケアマネジャーは、可能な場合は自らがその役割を果たすと同時に、ケアスタッフ、ボランティアなど、さまざまな可能性からこのケアパートナーを発掘する努力が必要です。

　このような役割を持った人がより多くなり、一般的になると、認知症であっても安心して地域の中で暮らすことが可能になるはずです。

2 家族へのサポート

　これまで身近で頼りになる存在だった家族、親しい者が、それまで持っていた能力を失ってしまい、多くのサポートが必要な状態になった場合、最も身近にいる人にかかる負担や心理的ストレスが相当増えることは、容易に想像できます。

　こうした状況にある家族に対して、いくつかの側面での支援が考えられます。

サポート①　まず正確な理解をしてもらう

　在宅で暮らす認知症の人にとって、最も生活時間を共有することの多いのが家族です。ところが、一番の理解者であるはずのその家族自身が、認知症について十分に理解していない場合が多いのが現状です。

　その原因としては、家族自身がケアに追われ、調べる時間がないことの他に、家族が認知症について学ぶ場が少ないこともあげられるでしょう。介護する家族自身が、認知症について学ぶ場をつくっていくことは急務といえます。

　また、具体的なケアの知識のみでなく、認知症のケアの理念、すなわち本人本位の考え方を、広く家族介護者に伝えていく努力も必要です。

　どんなに近しい家族であっても、その家族が考える生き方と、本人が考える生き方は違います。そのことを自覚したうえでケアをしていくことの大切さを、家族に知ってもらうことが大切です。

サポート②　不安を受け止めてもらえる場を提供する

　多くの家族は、認知症症状が現れた本人を前にして、まずうろたえ、今後の生活に不安を抱きます。

　こうした家族介護者が必要とするのは、まず「わかってもらえる場」、自分の不安を受け止めてもらえる場です。

　また、医師などによる病理的な説明よりも、認知症高齢者をケアした経験がある

家族介護者の実体験に基づく具体的なアドバイス、共感を踏まえた知恵の言葉などが、閉塞感から抜け出すために、非常に有効な場合があります。

ですから、ケアマネジャーは、まず自分自身で家族の言葉を受け止めることと同時に、自分の力だけに頼るのでなく、これまで実際に認知症高齢者をケアしてきた多くの介護経験者の力を借りるなどの方法を考えることも大切です。

具体的には、地域の中に介護者のグループを探し、かかわりを持つこと。また、公的機関で行われている介護者教室や家族会など、介護者のためのグループの情報を集めることです。こうした情報を持つことで、自分の目の前にいる介護者に対して、より適切なサポートを行うことができます。

こうしたグループに参加し、グループのメンバーから働きかけられることで、介護者自身が自らストレスを克服するための方法を得ることができます。

サポート③ 介護技術、医療・法律関係などの情報を提供する

多くの家族介護者は、介護のために外部と接触する時間も頻度も少なくなります。そのため、介護技術、医療・法律関係などの必要な情報・知識から遠ざかりがちになります。

したがって、ケアマネジャーはできる限りこれらについて、最新かつ幅広い情報を常に集め、必要な相手にその情報を届ける役割があるといえます。

具体的には、最新のグループホーム情報、一般施策情報、認知症に強い医療機関情報などが考えられます。

サポート④ 認知症高齢者の住みやすい地域をつくる

　現在のところ、認知症というのは「残念な病」という認識が大勢を占めています。できるだけ認知症にはなりたくないと思う人が多いのではないでしょうか。

　人々がこうした意識を持つのは、今現在、認知症高齢者が好ましくない生活を送っているからかもしれません。認知症になった方が幸せな生活をしていないと思われるからこそ、自分はああいうふうにはなりたくない、と思ってしまうのではないでしょうか。

　このような認知症を受け止めきれていない社会で暮らす場合、例えば物忘れが始まっていることに気がついても、なかなかそのことを受け入れられず、むしろ否定し、そのことを隠そうとしてしまうのではないでしょうか。そして、ますます問題を複雑に、大きくしてしまいます。

　逆に「認知症は怖くない病気」という認識が社会の中で一般的になれば、たとえ認知症の症状が出たとしても、前向きに適切な機関に相談に行ったり、オープンに話すことができるはずです。

　では、「認知症は怖くない病気」という認識は、どのような社会において芽生えるのでしょうか。

　地域の人に見守られ、家族に見守られ、例えば徘徊行動が出たとしても、その地域が安心して徘徊できる地域であれば、たとえ認知症と診断されても、安心して住み慣れた地域での生活が継続できます。

　そして、このように、認知症の方が地域の中で受け止められている姿を見ることによって、地域の人も、「認知症になっても大丈夫だ」ということを学んでいくことでしょう。

　<u>地域づくりとは循環するもの</u>です。人が大切にされる姿を見て、人は安心を得るのです。認知症ケアの前提は、皆が安心して生活できる地域づくりであるともいえるのではないでしょうか。

3 初期の確定診断の必要性

　これまで述べた本人・家族それぞれに対するサポートと同時に特に述べておきたいのが初期の確定診断です。

　「認知症」であることの確定診断は、十分にされていない状況にあります。地域によっては、物忘れ外来の整備など、初期の認知症高齢者へのサポートも含めた診療体制に力を入れているところもありますが、全国的に見ても、こうした動きは非常に少数です。

　ですから、ケアマネジャーを訪ねてくる認知症高齢者やその家族は、本人が本当に認知症なのか、またその認知症のレベルはどの程度なのか、わかっていない場合が多いのです。

　多くの認知症高齢者、その家族は、確定診断を受けることによるスティグマ（烙印を押されること）を恐れるかもしれません。

　しかし、次に述べるように、確定診断には大きなメリットがあります。

メリット① 自分の希望に沿った人生のプランを立てておける

　認知症高齢者本人は、これから自分に起こりうる多くの出来事が予測できるようになります。そして、予測が立てば、その時までに行うべきことを整理できます。

　認知症中度・重度では、自分の望む暮らし方を表現することは非常に困難になります。しかし、初期の間であれば、例えば、今後生活する場所の選定、判断能力が衰えた時に代わって判断してくれる人の選定（成年後見制度→39ページ）など、重要なことを決めておくことができます。

　いいかえれば、できる限り早い時期に確定診断を受ければそれだけ、これからの人生のプランを立て、その準備をする時間を多く手に入れることができるのです。

　実際に家族が本人の認知症症状に気がつき始めるのは、例えば衣服を着ることができなくなった場合など、アルツハイマー型認知症であれば、発症して2〜3年たった時期であることが多いと聞きます。

　確定診断が遅れたばかりに、治療もその後の対応・サポートにも差が出てしまうことが多いのは、とても残念なことです。

メリット② 医療・介護の選択に余裕が持てる

　確定診断を受けることのもうひとつのメリットは、利用者・家族自身が自らの（家族の）認知症について知ることで、自分達に必要なものが明確になり、その結果、認知症に対して主体的に取り組めることです。

　行動障害が強くなった状態では、ともすると、行動障害自体への対症療法的な対

応に追われてしまいがちです。その結果、とりあえず役所の窓口に相談に行き、介護保険申請を行い、判定が下り、至急とりあえず空きのある事業所のデイやヘルパーなどサービスを利用していくことになってしまいます。

したがって、その事業所に、認知症高齢者ケアについての知識が豊富なケアマネジャーがいるかどうか、認知症ケアに精通した介護スタッフがどれくらいいるか、などについて吟味することなく契約を終え、気がついた時には全く認知症ケアについて認識がないケアマネジャーが担当となっていたり、適切なケアを受けがたい通所介護につながっている可能性もあるのです。

こうした事態を避けるためにも、まず本人、そして家族が「認知症」というひとつの疾患にかかっていることを自覚し、そのうえで、最も適切な対応を主体的に考えていくという姿勢が必要です。

見知らぬ土地を旅する時には、たいていの場合にはその土地の地図を持って出かけます。そして、目的地を見つけるためには、目印となる場所、例えば駅や主要な建物を見つけたり、東西南北を確認したりします。つまり、目的地に行くための見当づけの作業を行っていき、最終的に目的地に到達するのです。

それと同じように、認知症ケアにおいても、最適なケアを実践するためには、その人がどの程度の、どのような特性を持った認知症なのかを見極めることが大切です。

しかし、本人にすれば、将来自分が物事を判断する能力を失うという事実に向き合うことは非常につらい作業になるでしょう。ですから、確定診断と支援（サポート）はあわせて考えられる必要があることはいうまでもありません。

そのため、単なる医療面からのサポートのみでなく、看護面、生活面などさまざまな視点から、その人の生活を見ていける複数の専門職によるチームがより重要になってくるのです。

（土屋典子）

失われていく自分を取り戻すための「自叙伝」
各々の表現方法でつくる「本人の」記録

　認知症高齢者の方と接していて本当によく耳にする言葉が「不安」です。自分が自分でなくなってしまう不安とは、底知れない闇に違いありません。この不安から逃れたくて死を考える方もいます。70歳で認知症になっても80歳でなったとしても、その不安は同じです。ただし、若くして認知症になられた方は、子どもが育ち盛りであったり、まだ人生の充実した時期であるぶん、よけいに不安が大きいようです。いくらよいケアマネジメントができても、こればかりは解決がつきません。

　しかし、この不安を軽減する一助になるかもしれない試みがあります。

　それはデンマーク・オーフス市が若年性認知症高齢者へのケアの取り組みとして進めている、自叙伝をつくるプロジェクトです。これは、「認知症が進行してしまった後で、自分の孫に自分のことをどうやって伝えればよいのだろうか」という50代の若年性認知症の方のつぶやきをきっかけに始まりました。

　このプロジェクトでは、まだ表現する力が残っている間に、以下のように過去・現在・未来の自分自身についてまとめておきます。

- 自分がこれまで生きてきた人生について
- 今生きている人生について
- これからどう暮らしていきたいかについて

　これらを文章・絵・写真・音楽など、自分なりの表現方法で表した自叙伝をつくります。この作業をすることで、自分自身のアイデンティティを取り戻すことができたり、失いつつある記憶の断片をつなぎとめることができます。もし忘れてしまっても、それを見て思い出すことで安心感を得られます。

　そして、いずれ認知症が進行した時、身近にいる家族・ケアスタッフ・親しい人がこれを読み、その人の希望した暮らし方を、より真実に近い形で実現するためのヒントになります。

　さらに、自分自身を失いつつあるその人を前にした家族が、自叙伝を読んだり見たり聞いたりすることにより、その人の人生を再確認でき、最終的に本人が亡くなった後でも、その人を思い出し、懐かしみ、認知症ではないその人本来の姿を記憶することができます。「父はこういう人でした」と語られる記憶の中の本人ではなく、その人が自分の手で表現したものは、その人そのものなのです。

　デンマークのこの試みは、すでに効果を上げているといいます。日本においても、認知症ケアの大きなヒントになるのではないでしょうか。

（土屋典子）

第2章

認知症高齢者を支える
ケアマネジメントマニュアル

ケース発見からモニタリングまでポイント解説

-4 本人の情報を入手するにはどうするか…春日武彦
上記以外…土屋典子

- 図解・ケアマネジメントのプロセス ▶ 22ページ
- ケース発見 ▶ 24ページ
- 相談・面接 ▶ 25ページ
- 要介護認定調査 ▶ 31ページ
- 契約 ▶ 39ページ
- アセスメント ▶ 42ページ
- 居宅サービス計画(ケアプラン)原案 ▶ 60ページ
- サービス担当者会議 ▶ 68ページ
- 居宅サービス計画(ケアプラン) ▶ 69ページ
- サービスの実施と経過把握 ▶ 70ページ
- モニタリング ▶ 73ページ
- 資料 ICFを活用した認知症高齢者のアセスメント ▶ 76ページ
- コピーして使える「基本情報シート」 ▶ 84ページ
- 「アセスメントシート」記入例 ▶ 88ページ
- コピーして使える「アセスメントシート」 ▶ 96ページ

ケアマネジメントのプロセス

　この章では認知症高齢者のためのケアマネジメントのプロセスに沿ってポイントを押さえながら説明していきます。

❶ **ケース発見**　（➡24ページ）
　地域の中で援助を必要としている人を探し出します。

❷ **相談・面接**　（➡25ページ）
　利用者・家族の抱えている困難を受け止め、解決できるように方向づけします。

❸ **要介護認定調査**　（➡31ページ）
　要介護度を決定する際の一次資料となる調査です。

❹ **契約**　（➡39ページ）
　利用者と事業者との間で約束を結びます。

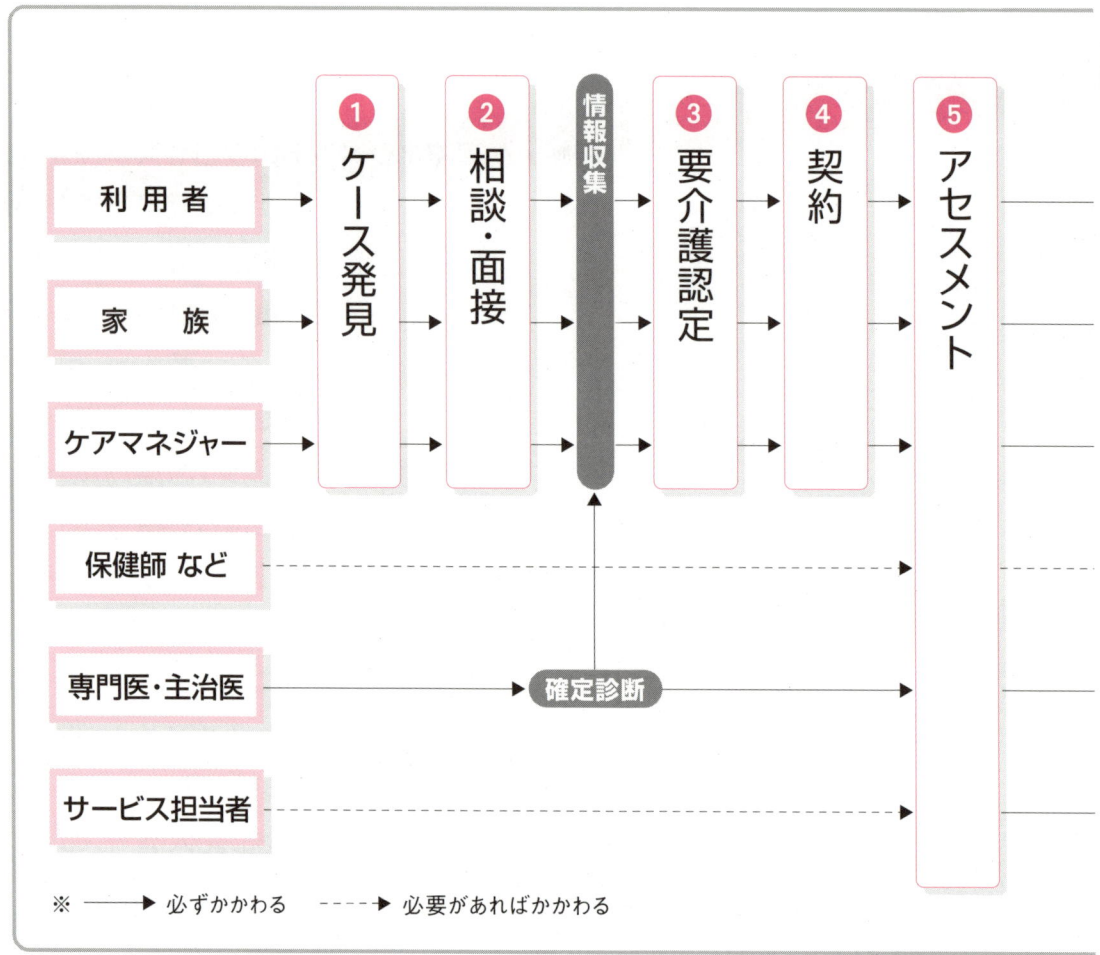

❺ **アセスメント**（➡42ページ）
利用者のニーズを理解して、援助目標を決めていきます。

❻ **居宅サービス計画（ケアプラン）原案**（➡60ページ）
居宅サービス計画の前につくる原案ですが、ほぼ完成形と考えます。

❼ **サービス担当者会議**（➡68ページ）
居宅サービス計画原案をもとに、関係者で話し合いを行います。

❽ **居宅サービス計画（ケアプラン）**（➡69ページ）
サービス担当者会議の後でケアプラン原案に修正を加えてつくります。

❾ **サービスの実施と経過把握**（➡70ページ）
担当者会議後に実際にサービスが入ります。以後は随時経過を把握していくことになります。

❿ **モニタリング**（➡73ページ）
居宅サービス計画が適切に実施されているかチェックします。

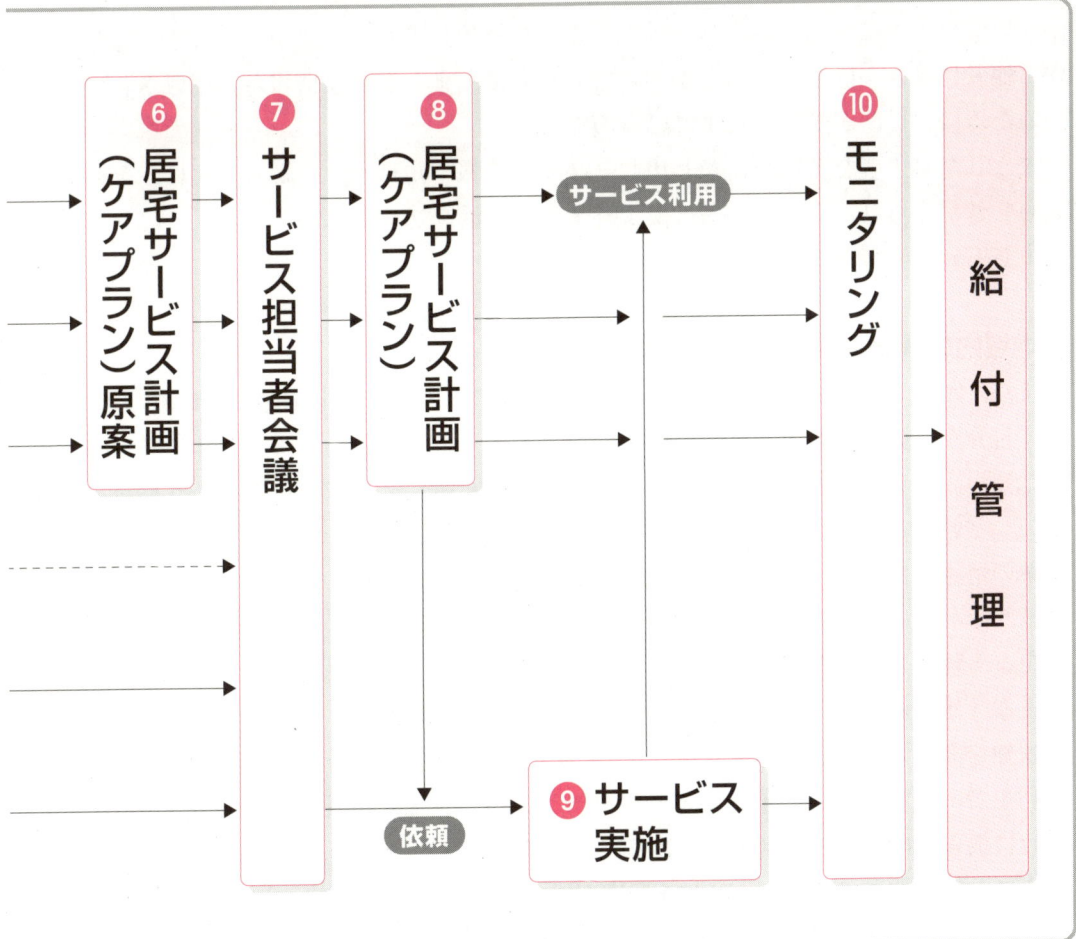

1 ケース発見

> 地域の中で援助を必要としている人を探し出します

◘ 孤立した認知症高齢者を探し出そう

　認知症高齢者への理解は、まだ地域の中に十分浸透しているとはいえません。「最近物忘れがあって」など何かしら自分自身の症状に気がついたとしても、あるいは記憶が途切れてしまうことへの焦りや、これから自分はどうなってしまうのかといった不安を抱えていても、すぐに他者に助けを求めづらい現状があります。

　また、周りにいる家族も、急激に変化していく本人を前にして、その事実をどのように捉え、対応すべきかわからずに混乱する場合が多いのではないでしょうか。

　ケアマネジメントを行うにあたり、ケアマネジャーは、認知症高齢者とその家族が、地域の中で孤立している場合があることを認識しておく必要があります。自分から他者に働きかけをすることができないために、また必要な情報から閉ざされているために、援助が受けられずにいるのです。

　こうした対象者を積極的に探し出し、必要な情報・知識・サービスを届け、その人らしさが守られ、その人にとってより豊かな生活を送ることができるようにサポートしていく姿勢が求められます。

◘ 地域内の情報を集めて協力体制を築こう

　また、ケアマネジャーは、認知症高齢者へのケアマネジメントを始めるにあたり、まず自分が活動する地域の実情を把握することが大切です。

　認知症高齢者とその家族が抱えている困難さ、問題、そして彼らの「こう暮らしたい」という希望を把握し、そのために有効であると思われるさまざまなサービス資源の情報を集めます。具体的には、認知症高齢者に対して、質の高いケア、最新の認知症ケアの技法を取り入れているデイサービス、デイケア、認知症高齢者の特質をよく理解したスタッフを抱えているショートステイの情報など、地域内のさまざまな「使える情報」を日ごろから集めておくことです。

　認知症高齢者に有効な福祉サービスは、極端に不足しています。そのため、目の前の利用者・家族にとって不足するサービスがあれば、そのサービスを開拓したり、行政に働きかけるなど、利用者・家族の代弁者として、その必要性を訴える役割を担うことも大切です。そのためにも、地域内の他のケアマネジャーと協力体制を取るなど、日ごろからさまざまな関係者と連携を取っていくことも重要でしょう。

相談・面接

▶利用者・家族の抱える困難を受け止め、解決へと方向づけします

◻ まずは利用者、そして家族介護者の話をよく聞こう

相談・面接の基本は、まず利用者本人の話をゆっくりと聞くことです。

ところで、あなたの担当している認知症の高齢者を1人思い浮かべてみてください。あなたは、いつもこの方とどのような話をしていますか。この方の暮らしたい暮らし方について、本人に直接たずねたことがありますか。

認知症だから答えることができないだろうと早合点し、ついそばにいる家族介護者に対してさまざまな質問をしてしまうことはないでしょうか。

確かに、本人とのコミュニケーションはなかなか難しい場合が多いと思います。特に初めて会った場合には、なかなか要領を得た会話が成り立たないかもしれません。しかし、ケアマネジメントの主体は、利用者本人なのです。

まず、ゆっくりと穏やかに、その人自身と向き合い、言葉をかけてください。その人の声を聞いてください。

さらに、認知症高齢者へのケアマネジメントを行ううえでは、本人の話と同様に、最も近くにいて実際に介護を担っている人の声も重要です。ですから、家族の声も十分に聞いてください。この場合、本人の声、そして家族の声はできる限り別々の場所で、慎重に聞き取ってください。くれぐれも、それぞれの言葉を混同せず、それは誰の言葉かということをきっちりと区別して、記録していきます。

1 ❖❖❖ 利用者との面接

まず、面接の始めには何とお呼びすればよいか、ということから聞いてみてはいかがでしょうか。

返事が出てこない場合には、「『○○さん（苗字）』でよいですか？」「それとも『△△さん（名前）』のほうがよろしいでしょうか」など、相手の答えやすい質問方法を工夫することが大切です。なかなか答えが引き出せそうにない場合には、家族などから、事前にこれまで他者から何と呼ばれていたのか、本人にとって違和感のない呼び名を聞いておくこともひとつの方法です。

また、相手との会話においては、できる限り隣に座り、ゆっくり穏やかに話をしていきましょう。会話は短いセンテンスで、具体的な内容を伝えます。

さらに、その会話の中で、相手が不安を感じることのないような雰囲気をつくることが大切です。したがって、面接を行う部屋も、ざわつきや騒音のない、静かな場所で、また、さまざまなものが雑然と置いてあるような場所ではなく、ゆったりとしたスペースが望ましいようです。

2 家族介護者との面接

　認知症高齢者に一番影響を与えるのは身近な介護者であり、逆に認知症高齢者から一番影響を受けるのも、この身近な介護者であるといえます。

　介護者との面接を行う際には、まず、その介護者が自分の気持ちをすべて話せる場を設定することが大切です。つまり、介護において困難に感じていることなど、マイナスの感情をも十分に表現できることが重要なのです。

　多くの場合、一番身近な家族は、認知症高齢者の徘徊や暴力、妄想など、周辺症状による行動障害への対応に疲労していたり、また、そのために家族関係が悪化していたり、ストレスにより介護者が病気になっていたりと、介護に付随する多くの問題を抱えています。

　そこで、ケアマネジャーが一方的に話を進めるのではなく、家族自身が自ら話し始めることができるように引き出し、その問題を一緒に受け止めるという姿勢が求められます。

　また、主たる介護者との面接の際には、他の家族との同席は避け、介護者自身が、介護に対してこれまでどんな感情を持ってきており、今現在は何を感じ、今後についてどう考えているのかなど、じっくりと話せるように配慮します。そして、その中で介護者自身の不安や悩みが少しでも解消されるようかかわることが大切です。

3 初期の確定診断と家族の認識のためのアセスメント

　認知症高齢者への適切なかかわりができるケア環境を整えるためには、まず初期の段階で、専門家チームによる認知症についてのレベル判定が非常に重要となります。

　しかし、現在こうした判定はなかなかできにくい状況であり、多くの認知症高齢者は確定診断を受けず、また、家族も認知症の認識を持てないままとなっています（18ページ参照）。

　今後、認知症ケアシステムが各地に構築されるにあたり、こうした点を踏まえた仕組みの検討が必要になるのではないでしょうか。

● ケアマネジャーの対応のポイント

ここでは、まず確定診断を受けている場合と受けていない場合、さらに、家族が本人の認知症を認識している場合と認識していない場合のそれぞれについて、ケアマネジャーの対応のポイントをまとめてみていくことにしましょう。

	専門医による確定診断あり	専門医による確定診断なし
家族認識あり	A	B
家族認識なし	C	D

以下、それぞれのケースへの対応を述べていきます。

ケースA　定期的な受診と服薬コントロールのサポート

Aは、確定診断も受けていて、家族介護者も十分に認知症の認識をしているという状況です。この場合、各相談機関、ケアマネジャーは、主治医からのアドバイスのもとで定期的な受診や服薬コントロールのサポート、状況やレベルに応じた相談を行っていくことになります。

しかし、こうした望ましい環境で療養生活をしている認知症高齢者は、まだ非常に少数だといえるでしょう。

ケースB　専門医による受診のメリットを説明し、専門医につなげる

Bでは、家族介護者に認知症の認識はあっても、専門医による受診の時間的余裕がない場合や、そのメリットや必要性に気がついていない場合などの状況が考えられます。当面は、受診によるメリットについての説明や、最新情報の提供などを行い、時間の経過とともに、本人へのケアの難しさについてアドバイスを求められた機会などを生かして、専門医につなげていくことが必要になるでしょう。

もし、これらのことがケアマネジャー単独で行うには困難であれば、地域の保健師に相談するのも1つの方法です。

ケースC　家族へのサポートと、本人へのコンタクト

Cのタイプは、専門医による確定診断を受けているにもかかわらず、家族介護者が認知症への認識を持っていない場合です。高齢夫婦など、家族の理解力や介護力に問題がある場合や、認知症への偏見などがある場合、さらに、わかっているけれど対応したくない、などという放置の状態など、さまざまな状況が考えられます。

いずれにしても、本人への適切な対応ができているとはいいがたく、早急に本人の状況を把握し、家族に認知症高齢者への正しい情報・知識を伝えていく必要があ

るでしょう。

> **ケースD** 家族へのアプローチ、専門医による受診のすすめ

　現状においては、Dのように家族に確定診断の認識がなく、受けてもいないという状況に置かれている認知症高齢者が多いのではないでしょうか。この場合、家族介護者に対して認知症への認識を深めていただく働きかけと、専門医につなげる工夫が必要となります。

　専門医につながることにためらいを見せる家族の場合には、例えば地域の開業医の主治医の先生に紹介状を書いてもらう、また保健所の保健師に相談するなど、本人・家族に負担のない形で医療とのつなぎ方を考えることも大切です。

　いずれにしても、このままの状況が続いた場合、本人にとってよりよい生活が送れるとは言いがたいので、関係機関と連絡を取り合って、対応を考える必要があります。

4 在宅と施設のつなぎのためのアセスメント

　住み慣れた地域で最後まで暮らすことはとても大切なことです。しかし、本人の身体・精神状況、家族の介護状況、住宅状況、地域の状況、そして認知症の進行状況により、今後の生活の場の変更を余儀なくされる場合もあるでしょう。認知症がかなり進行した状態での急激な環境変化は、よりいっそう本人を混乱させる場合が多いといわれます。

　したがって、軽度のうちから、本人の希望をもとに今後について話をしておきます。例えば、どの程度まで在宅の可能性があるのか、仮に施設に行くとしたら、どのような施設が適切なのか、グループホームなのか、老人保健施設なのかなど、将来の生活の場について話し合い、いつがその時期なのか、適切に状況を判断し、スムーズに移行できるようにすることも必要です。

　いずれにしても、本人の希望をできる限り尊重し、そのために、理解できるうちに、本人がわかるような説明を行い、本人にとって必要な環境はどのような場所なのか、他の専門職の意見も参考に判断していく作業は重要です。

5 医療との連携

特に福祉系のケアマネジャーは、医療機関・医療従事者とのやり取りを苦手に思う場合が多いのではないでしょうか。

しかし、自分の専門外のことであれば、なおさら、その専門家の意見が重要になります。日ごろから医療機関との連携がスムーズに行えるような工夫も必要です。

医療との連携の3つのステップ

次の3つのステップを踏むことで、医療職との間でスムーズに連携を行うことができます。

ステップ①　互いの役割を正確に把握する

もし、医療職が、ケアマネジャーは何をする者であるのかわからない場合は、簡単なパンフレットを持参し、自らの役割を伝えることが大切です。

また、ケアマネジャーの側から医療職に期待するものを明確にイメージし、何がわかっていて、何がわからないのかをはっきりと伝え、答えを得ます。

ステップ②　目標を共有する

利用者の望む暮らしのイメージを医療職と共有しておきます。

ステップ③　情報を適切に受け渡す

診察時の短いやりとりでその人の生活状況を把握することは困難であるため、医療職は、適切な治療を行うために、在宅での生活の様子、家族の困難さなどの情報を得たいと思っているはずです。ですから、そうした情報を持つケアマネジャーの側から、医療職が必要と思われる情報をどんどん渡していってみてはどうでしょう。待つのではなく、自分から始めてみることが連携の第一歩のように思います。

受診時に同行する方法

ケアマネジメントの契約を行ったら、まず一度主治医と顔を合わせることが大切です。

問題が起きた時に初めて連絡を取るよりも、日ごろから少しずつ顔見知りになっておくと、いざという時の連携がスムーズに行えるからです。

タイミングとしては、契約を行った後、利用者の最初の受診日もしくは1カ月以内にケアプランを持参して、利用者に同行するという方法が、違和感がないかもしれません。

また、認知症の確定診断を受ける時、例えば、ＭＲＩや脳波などの検査結果を聞きに行く際など、家族とともに利用者に同行するというのも１つの方法です。

◘ 受診時のマナー

- 自分がケアマネジャーであることを医師に伝える。
  持参する物：連絡先を書いた名刺、ケアプラン等
- 医師の診断を本人とともに聞く。
- 本人、家族が質問する内容をそばで聞いていて、在宅での様子を正確に伝えられていないことに気づいた時には、言葉を補いながら、正しい情報が医師に伝わるようにする。
- 質問の機会が来たら、今後予測されること、行動障害への正しい対応方法、適切なサービスについて、薬の調節の予定など、医師にアドバイスしてもらいたい点を具体的に質問する。この時、漠然とした質問ではなく、わかりやすく要点をまとめた質問を行うことが大切。
- 連絡をしても迷惑でない時間帯、曜日などをあらかじめ聞いておく。また、連絡方法として、電話、メール、ファックスなど、どの方法が適当かも確認しておく。

要介護認定調査

▶要介護度を決定する際の一次資料となる調査です

　ケアマネジャーは保険者（市〈区〉町村）の委託を受けて要介護認定の認定調査を行う場合があります。この調査では、本人の生活のしづらさ、介護者の介護の手間という視点で質問がなされます。18年度改正で、新規の利用者は原則として保険者の扱いとなりますが、更新の利用者についてはケアマネジャーが行えますので、正しい認定調査ができるようにしておきましょう。

1 認定調査員としての心構え

　多くの場合、認定調査員として利用者宅を訪ねた段階では、相手が認知症であるか否かはわからないのが現状ではないでしょうか。

　一見身体的には問題がなく、受け答えもスムーズに行えてしまう場合、何らかの認知症症状が出ていたとしても、調査員にはそのことが理解できずに調査を終えてしまい、認知症から生じる生活の困難をまったく把握せずに認定結果が出てしまうという危険性も少なくありません。

　そこで、こうしたことを防ぐために、認定調査員の基本的態度についていくつかのポイントを押さえておくことにします。

- 正確な情報が得られるように、相手と信頼関係をつくる。
- 調査員による一次調査が要介護認定結果に重要な影響を与えることを自覚する。
- プライバシー保護の原則を守る。
- 認知症高齢者と家族介護者の抱える不安・ストレスを十分理解し、相手に不安・負担を与えないようにする。

2 認定調査にあたっての基本的な視点

▫ 家族に対してのかかわり方

　認定調査の目的は、介護の手間・困難の程度を把握することにあります。それらを把握するうえでは、具体的な介護内容の困難さと同様に、介護者がどのような態度で介護しているかという点が大きなポイントになります。

したがって、認知症高齢者への調査を行うにあたっては、まず、家族が認知症に対してどのような認識を持っており、本人とどのように向き合っているのかを把握することから始めます。

認知症高齢者を介護をする家族が、本人の認知症を受け入れるまでには心の葛藤があります。否定から始まって、きちんと受け止めて前向きに立ち向かえるまでのどの段階にあるかは、答えに大きく影響します。

同じように認知症高齢者を介護する家族であっても、続柄、これまでの関係性、居住形態などの差により、認知症の捉え方、受け入れ方はさまざまです。

したがって、まずこのような家族介護者の介護への認識・態度を理解したうえで質問項目に進んでいくと、答えの意味がより鮮明に理解できるようになります。

■ 本人に対してのかかわり方

認定調査は基本的に本人に対して質問を行います。その際には、次の点に注意してください。

- できる限り本人に安心してもらえるよう、まず隣に座ること
- わかりやすい言葉で話しかけること
- たとえつじつまが合わなくても間違いを指摘したりせず、話を続けてもらうこと
- 本人の発言を否定しないこと

具体的には表（34〜37ページ）の問いかけ例を参考にしてください。認定調査票の項目はかなりたくさんありますので、できるだけスムーズに行えるようわかりやすく聞いたり、うまく誘導できるよう心がけましょう。

3 調査方法

■ 事前確認

もし可能であれば、調査の前に、家族情報、認知症の程度、同席者の有無を確認しておきます。

当日同席することが困難な家族介護者には、事前に日ごろの困難な状態を、メモに記しておいてもらうこともひとつのアイデアです。

例
- 最近入浴を拒否する
- 毎日夜中に騒いで家族は眠れない
- 息子を夫と勘違いしている
- 食事をしても忘れてしまい、1日茶碗6杯分のご飯を食べてしまう

◪ 調査当日

調査当日には、まず調査方法について簡単に説明し、調査用紙を提示して調査にかかる大まかな時間などを伝えます。

例えば、ひとり暮らしの認知症利用者の場合、本人の言葉からその生活の困難さをつかむことが難しい場合などは、室内の様子などからだいたいの生活の様子を把握することにしましょう。また、適切なケアが行われているかどうかの判断が困難である場合、室内の様子から介護の状態を把握することも大切です。

◪ 質問以外のチェックポイント

利用者・家族の言葉から得られる情報だけでは把握しきれない部分を補うためのチェックポイントをあげておきます。34～37ページの問いかけ例の表にある観察のポイントも参考にしてください。

玄関
- 乱雑ではないか
- ドアに複数の鍵がついていないか
- 南京錠（なんきん）のようなものがないか

居室
- 片付いているか
- 掃除はできているか
- 異臭がしないか
- 収集癖がないか
- コンビニの袋の中に物が入ったままで、たくさんたまっていないか
- たんすに衣服名が大きく貼られていないか

台所
- 焦げたなべがないか
- 整理整頓（せいとん）されているか
- 腐敗したものがないか
- 生ごみは処理されているか

トイレ
- 尿臭などはないか
- きちんとトイレが流されているか

身なりと表情
- ボタンなど留めてあるか
- 不安げな顔つきをしていないか

◪ 質問方法

スムーズかつ正確な調査ができるように、以下の点に注意してください。

座る場所

先に述べたように、できるだけ相手に圧迫感を与えないよう、隣もしくは斜め横に座るのがベストです。相手が難聴の場合は、聞こえる側に座ります。

◆ 認定調査の問いかけ例と観察のポイント

群	大項目	小項目	問いかけ例
第一群	麻痺・拘縮	麻痺の有無	痛みはありませんか？　動かないところはないですか？
		関節の動く範囲	痛みはありませんか？　動かないところはないですか？
第二群	移動	寝返り	体の向きを変えることはできますか？
		起き上がり	ベッドに寝ていますか？　布団ですか？ 起きる時にはどうしますか？
		座位保持	（丸椅子などを指して）ここに座れますか？
		両足での立位保持	10秒間立っていられますか？ （手すりなどを指して）ここにつかまればできますか？
		歩行	1人で歩けますか？
		移乗	食事はどこで召し上がりますか？ テーブルまで歩いて行けますか？　1人で行けますか？
		移動	トイレまでは行けますか？　1人で行けますか？
第三群	複雑動作	立ち上がり	椅子から立ち上がれますか？
		片足での立位保持	階段は上れますか？　靴下はどのようにはきますか？ 片足で立てますか？（と実際にやってもらう）
		洗身	お風呂の時、自分で洗えますか？　背中は洗えますか？
第四群	特別な介護	褥瘡の有無	肌の痛いところはないですか？ かゆいところはないですか？ おしりは痛くないですか？　背中は痛くないですか？
		嚥下	お食事は1人でできますか？　のどが詰まりませんか？ むせませんか？
		食事摂取	お食事は1人でできますか？　お箸は持てますか？ スプーンのほうがいいですか？
		飲水	のどが渇きませんか？　むせませんか？
		排尿	おトイレは自分で行きますか？
		排便	おトイレはどこにありますか？　1人でできますか？
第五群	身の回りの世話	清潔	洗面所はどちらですか？　歯磨きはできますか？ 髪はとかしますか？　毎朝顔は洗いますか？ 入れ歯ですか？　自分で洗いますか？ つめは自分で切りますか？　どうやって切りますか？
		衣服着脱	お洋服はどこにしまってありますか？ 自分で着替えますか？　誰かに手伝ってもらいますか？
		薬の内服	どんな薬を飲んでいますか？　見せていただけますか？ 何回飲みますか？　どのように飲みますか？ 足りなくなってしまうことはないですか？
		金銭の管理	お小遣いは持っていますか？　お買い物したい時にはどうしますか？　銀行には1人で行きますか？ 通帳、印鑑はどうしていますか？
		電話の利用	電話は自分でかけますか？
		日常の意思決定	お洋服はどこにしまってありますか？ 自分で着替えますか？　誰かに手伝ってもらいますか？

観察のポイント
不自然な姿勢はないか。動けない身体機能がないか。
直接関節などに触れてみる。不自然な動きがないかみる。
移動時の動きなどから判断する。エアーマットは使用していないか。指示は理解できなくても、「お食事よ」と家族が声かけすると自分でベッドから下りてくるか。
調査時の様子を観察する。
調査時の様子を確認する。バランスが悪く傾いたりしていないかなど。
調査時の様子を観察する。
調査時の様子を観察する。
調査時の様子を観察する。どのようにテーブルにつくか、どのようにトイレに行くかなど。
調査時の様子を観察する。必要な場所へ行く際の見守りや介助の必要性をみる。
調査時の様子を観察する。
調査時の様子を観察する。
入浴時の見守り、指示などが行われているか確認する。
自発的な動きのない方、常時座っていたり寝ていたりする方は丁寧に聞く。
胃ろう、経口など、食事方法の確認もする。
実際に何かしら食べてもらえるとよい。
実際に何かしら飲んでもらえれば、その様子を観察する。
オムツ、パットなど利用していないか、トイレは清潔かなど観察する。
下着を汚したりしていないか、始末が自分でできるかなどを観察する。
調査時の様子を観察する。
季節に合ったものを着ているか。汚れたものを身につけていないか。脱いだものがたまっていないか。衣服の順番は合っているか。下着を何枚も重ねて着ていないか。
薬を飲む回数・時間・量を理解しているか確認する。薬を実際に見せてもらい、相当数残っていないか、数はまちまちに残っていないかなどを見ながら、適切な服薬管理がなされているか判断する。
テーブルの上などにお金が無造作に置かれていないか、お金に関する話題に過度に反応しないか、金銭に無関心もしくは執着していないか、などを把握する。
電話の話を理解できているかどうかも確認する。
服装などが季節や寒暖の差に合ったものになっているか。また、これまでの話の中でつじつまが合っているかなどをみる。

群	大項目	小項目	問いかけ例
第六群	意志の疎通	聴力	私の声が聞こえますか?
		意思の伝達	そろそろお疲れになりましたか?
		介護者の指示への反応	右手を上げてもらえますか?(など具体的に聞いてみる)
		毎日の日課の理解	1日の過ごし方を教えてください。 今度病院に行くのはいつですか? 今日はデイサービスに行く日ですか?
		生年月日、年齢	誕生日はいつですか? お年はいくつですか?
		短期記憶	今朝何時ごろ起きましたか?
		自分の名前	私は○○と申しますが、失礼ですけれどもお名前を教えていただけますか?
		季節の理解	今の時期美味しいものはなんでしょうね。
		自分のいる場所	ここの住所を教えていただけますか?
第七群	問題行動	(物を盗られなど)被害的になる	物がなくなって困ったことはないですか?
		作話する	これまでの調査内容から把握する。
		実際にないものが見えたり聞こえたりする	部屋の中に変なものが見えたりしますか?
		感情が不安定になる	これまでの調査内容から把握する。
		昼夜逆転	夜は眠れますか?
		暴言や暴行がある	これまでの調査内容から把握する。
		しつこい話	これまでの調査内容から把握する。
		大声を出す	これまでの調査内容から把握する。
		助言や介護への抵抗	これまでの調査内容から把握する。
		目的なく動き回る	これまでの調査内容から把握する。
		帰宅願望	これまでの調査内容から把握する。
		帰宅	これまでの調査内容から把握する。

観察のポイント
調査時の様子を観察する。
誰とどこまで通じているのかを把握する。トイレや食事、痛みなどを具体的に話せるかを確認する。
調査時の様子を観察する。
調査時の様子を観察する。
調査時の様子を観察する。
調査時の様子を観察する。
この問いかけは、できるだけ、調査の開始前にあいさつとして行う。
この問いかけもできるだけ、調査前の雑談のような形で行うとよい。
調査時の様子を観察する。
調査時の様子を観察する。
調査時の様子を観察する。
調査時の様子を観察する。
調査時の様子を観察する。
暴言、暴行を受ける相手から聞く。
同じことを何度も話したりするかどうか、家族から聞く。
大声を出して迷惑となるようなことがあるか、家族などから聞く。
助言や介護への抵抗があるか、家族などから聞く。
徘徊することがあるか、家族などから聞く。
落ち着きなく、「昔の家に帰る」などということがあるか、家族などから聞く。
1人で外出先から帰って来られるか、トイレから戻れるかなど、家族から聞く。

※調査項目は改正などで変更になる可能性がありますので、ご注意下さい。

雰囲気

改まった感じではなく、日常の会話の続きのような雰囲気でゆっくりと質問をしていきます。

質問方法・順番

順番は特に調査表にこだわらず、本人の話の流れを大事にします。途中本人が言葉に詰まってしまう時には、同席者に話をふったり、わかりやすい質問方法に変えて再度質問するようにします。1センテンスずつ話すようにし、複雑な会話は避けます。

確認

ひと通り質問が終わりまとめた後、疑問点などは、事業所に戻った後に本人をよく知る家族、ケアマネジャーなどに確認を行うようにして、最終的なまとめをします。

記載方法

できる限り抽象的な表現は避け、現象、行動の記載を行います。その場合、頻度や出現時間、その時の環境上の特徴や場所、その行動が家族にどのような影響を与えたか、生活にどのように支障になっているのかを克明に記します。

〈記入例〉

現象・行動
- 徘徊がある
- 昼夜逆転がある

頻度や出現時間
- 1週間に3度ほど、月に1度など
- 夕方になるとそわそわする　●明け方になると出かけてしまう

環境上の特徴や場所
- 慣れた近所でも
- 自宅内で

家族への影響
- 家族は24時間目が離せず、外出ができない

生活に支障をきたしていること
- 1週間に1度は徘徊して遠くまで行ってしまい、家族は夜通し捜索活動をしている

4 契約

▶利用者と事業者との間で約束を結びます

◉ 認知症高齢者本人にとって望ましい契約にしよう

契約の際には、契約書と重要事項説明書を作成します。自分の所属する事業所の事業目的、運営方針、従業員数、営業日、支援内容、緊急時の対応方法など、相手にわかりやすい言葉で具体的にまとめるようにします。

認知症高齢者との契約では、判断能力に不安がある場合に備えてその人をよく知る家族や隣人に同席を依頼し、本人にとって望ましい契約にする工夫が必要です。

また、ひとり暮らしの場合には、以下で述べる成年後見制度、地域福祉権利擁護事業などの制度を利用しながら、本人にとって不利な状況が生じない手立てを、関係者とともに考えておくことが重要になります。

1 成年後見制度

成年後見制度は、判断能力が不十分なために、財産管理や法的な契約を結ぶことが困難な人を保護し、支援するための制度です。認知症の人、知的障害の人、精神障害のある人が対象となります。成年後見が開始されると、選挙権がなくなるなど、社会人としての権利が奪われてしまうという状況も生じます。こうしたことが利用者にどのように影響するかも事前に予測し、サポートを行う必要があります。

成年後見制度には法定後見制度と任意後見制度があります。費用などにも多少違いがありますので、知っておくとよいと思います。

◉ 法定後見制度

法定後見制度では、家庭裁判所によって選任された代理人が、本人に代わって法律行為などを行います。判断能力の程度がより不十分なほうから「後見」「保佐」「補助」の3つに分かれており、本人の事情で選ぶことができます。それぞれの対象者は次のようになっています。

後見 ➡ 精神上の障害（認知症・知的障害・精神障害など）により判断能力を欠く常況にある者

保佐 ➡ 精神上の障害により、判断能力が著しく不十分な者

補助 ➡ 精神上の障害により判断能力が不十分な者

家庭裁判所への申立てから開始までは次のようなプロセスで進み、およそ3〜4カ月かかります。

申立て ➡ 審理 ➡ 法定後見の開始の審判 ➡ 成年後見人等の選任 ➡ 審判の確定（法定後見の開始）

申立ては、住所地の家庭裁判所に行います。

申立てができるのは本人、配偶者、四親等内の親族、検察官などです。身寄りがないなどの理由で申立てをする人がいない場合には、市（区）町村長に法定後見開始の審判の申立て権が与えられています。

法定後見開始の審判に必要な費用は、下記の表のようになっています。

後見・保佐・補助で金額は変わりません。ただし、申立て手数料については、保佐・補助の場合は保佐（補助）人の同意または代理権の付与を求める審判の申立てごとにそれぞれ800円が必要になります。

連絡用の郵便切手代金は家庭裁判所に確認してください。

また、一番下にある鑑定料は、本人の判断能力の程度を医学的に確認することが必要な後見と保佐で必要なお金で、補助の場合は不要です。

◆ 法定後見に必要な費用

申立て手数料（収入印紙代）	800円
登記手数料（登記印紙代）	4,000円
連絡用郵便切手	3,200円程度
鑑定料	5〜10万円

◻ 任意後見制度

任意後見制度は、将来判断能力が不十分な状態になった場合に備えて、本人に十分な判断能力があるうちに代理権を与える契約（任意後見契約）を公証人の作成する公正証書で結んでおくものです。自分の暮らしたい生活、療養看護、財産管理に関する事務などについて決めておきます。

必要な費用は以下の表の通りです。この他に本人等に交付する正本等の証書代、登記嘱託書郵送用の切手代などがかかります。

◆ 任意後見に必要な費用

公正証書作成の基本手数料	1万1,000円
登記嘱託手数料	1,400円
登記所に納付する印紙代	4,000円

なお、成年後見制度については法務省のホームページ（http://www.moj.go.jp）にも詳しい説明が載っていますので必要な場合は参考にしてください。

2 地域福祉権利擁護事業（福祉サービス利用援助事業）

認知症など精神上の理由で判断能力が不十分な人を対象に、福祉サービスの適切な利用や日常の金銭管理を支援する制度です。都道府県の社会福祉協議会が実施しています。

具体的には次のような事項への援助を行います。
- 福祉サービス利用の手続と利用援助
- 福祉手当の受領に必要な手続の援助
- 税金・社会保険料・公共料金・医療費・家賃などの支払い手続の援助
- 預金の預け入れ・払い戻しの手続の援助
- 年金証書、預貯金の通帳、権利証など大切な書類を金融機関の貸金庫で預かる

利用に際しては、利用者本人が支援計画や契約内容に合意したうえで、利用者本人と社会福祉協議会等が契約を結び、生活支援員による援助が開始されます。

相談や支援計画の作成は無料ですが、利用契約締結後の生活支援員による援助は有料です。利用料は都道府県により異なりますが、東京都の場合は以下のようになっています。

- 福祉サービスの利用援助、日常的な金銭管理サービス（通帳を預けない場合）
  ➡ 1回1時間まで、1,000円（1時間を超えた場合は、30分までごとに500円を加算）
- 福祉サービスの利用援助、日常的な金銭管理サービス（通帳を預ける場合）
  ➡ 1回1時間まで、2,500円
- 書類等の預かりサービス
  ➡ 1カ月、1,000円

※生活支援員の援助に伴う交通実費は利用者の負担となります。

5 アセスメント

▶利用者のニーズを理解し、援助目標を決めていきます

1 アセスメントを始める前に

◻ 認知症高齢者のアセスメントの3つの原則

　アセスメントとは、「現状」「目標」「目標にいたる方法」の3つを明らかにする作業です。

　つまり、①現状を把握する → ②何を目標（ゴール）とするのか明らかにする → ③ゴールにいたるまでの方法を明らかにする、という作業を行っていくことになります。

　特に認知症高齢者の場合、アセスメントを行うにあたっては、「自己決定」「継続性」「自己能力の開発（その人の能力を引き出す）」という3つの原則を忘れないようにしましょう。

◻ 認知症の程度に合わせて進めよう

　アセスメントでは「相手のニーズを知る」ことが重要です。

　それでは、今その方が現実に何を望み、どのような要望を持っているのかを考え、言葉にまとめるには、どのような工夫が必要になるでしょうか。特に、他者に伝える能力を失いつつある認知症高齢者のニーズを知るためのポイントとはどういうものでしょうか。

　最大のポイントは、認知症高齢者全体を漠然と「意思疎通の困難な人」と捉えてしまうのではなく、その人その人の状態に合わせて、作業を進めていくことです。

　例えば軽度の認知症の方であれば、自分がどう暮らしたいのか、今どのような不安を抱えていて、今後についてどう考えているのかなど、自分の言葉で語ることのできる方が多くいます。その場合には、それを丁寧に聞いていきます。

　中度・重度の場合、自らの意思を表明することが困難な方については、例えば、その人のしぐさ、そぶりをよく見て、その人を知る人からさまざまな生活場面でのエピソードを聞いていきます。

　そして、集めたエピソード、その人をほうふつとさせる出来事などの情報をもとに、その人と、その人を知る多くの関係者とともに、互いの意見を取り入れながら

手探りでその人の暮らしたい暮らし方を見つけていくことが大切です。
　アセスメントがうまくいくポイントは次の3つです。

● 利用者本人の声を聞き、しぐさ、そぶりもよく観察し、見逃さない
● 自分自身の見解を、常に関係者にフィードバックしていく
● 本人をとりまく多くの関係者、専門職種の意見を取り入れる

2 ✧✧✧ 合意形成から生まれるニーズ

　生活ニーズとは、その人自身の抱える要因（体や心の状況など）と、その人をとりまく環境要因（社会・住居・家族状況など）という2つの要因、さらにその2つがどう関連し合っているかなどによって生じてきます。アセスメントで的確にニーズをつかむためには、この視点を忘れないことがポイントになります。

　例えば今ここに、アルツハイマー型認知症の2人の女性が同じ団地で生活をしているとします。Aさんには娘がいてBさんは単身生活であるとすれば、たとえ同じような住居に暮らし、同程度の認知症症状が生じていたとしても、2人の持っている生活ニーズは異なるものであることは言うまでもありません。

　例えば、毎朝の「ごみ出し」という生活動作は、Aさんの場合は家族により解決しているため、ニーズとはなりません。しかし、Bさんの場合、たとえ燃えるごみを出せるのが月曜日であることがわかっていたとしても、毎朝起きると今日が何曜日なのかわからなくなってしまうため、結局いつになってもごみが出せず、家の中がごみの山になってしまうのです。この場合、「ごみ出し」はBさんにとっては重要なニーズになります。

◻ 利用者の希望とケアマネジャーの考えるニーズの合意形成

　ニーズには、さまざまなレベルがあります。
「利用者が感じる必要」「(ケアマネジャーなど)専門家の判断した必要」「社会の規範や秩序により規定された必要」どれもがニーズとなり得ます。
　介護保険は、社会保険方式がとられている制度的枠組みです。したがって、ケアマネジメントを行ううえでのニーズとは、利用者の希望とケアマネジャーの判断や社会の価値規範などを総合的に考慮したものになります。
　つまり、利用者の希望と、利用者の健康・安全、そして社会の価値規範などに裏付けられたケアマネジャーの判断との合意形成により生ずるものがニーズになるといえるでしょう。

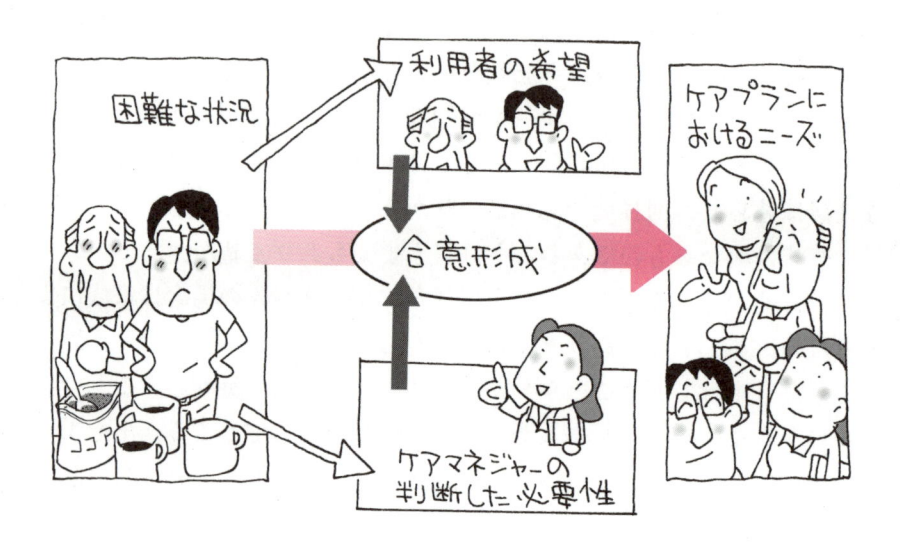

　例えば、80歳代で中度の認知症の男性が息子さんと暮らしているとします。最近息子さんの仕事の都合で大阪から東京に引っ越してきました。
　息子さんからの依頼でケアマネジャーが家に伺うと、息子さんが大声でお父さんを怒鳴っています。聞くと、家にあったココアを1日で5缶も空けてしまったというのです。息子さんがココアの缶を片付けてしまうと、今度はコーヒー豆をひいたものをココアと間違えて、それもお湯に溶かして(といっても豆は溶けないので、豆の浮いたお湯を)飲んでしまったというのです。
「物忘れもここまできたら最悪です。とにかくココアをこれ以上飲まないようにしてください。冷蔵庫や棚に鍵をかけたほうがいいんでしょうか」
　息子さんは父親の行動障害の意味がわからず、途方に暮れています。

この場合、本人の行動をどのように捉えることができるでしょうか。

ケアマネジャーはこの後、これまでの人生の中でお父さんにとってココアとはどういうものであったのか、息子さんに聞いていくことになるでしょう。

その中で例えば、「父親は自営業をしていて、1日の終わりに疲れをとるために、毎日ココアを飲んでいました、おそらく、ココアを飲むとほっとしたんでしょうね」という話が聞けるかもしれません。

つまり、この場合、大阪から東京までの引っ越しで、周りの生活環境、なじみの場所がすべてなくなり、お父さん自身、パニックに陥っていたことが予測できます。そこで、この不安を解消するために、長年の習慣だった「仕事の後のココア」を飲んでみたと考えることはできないでしょうか。

ところが、1杯飲んでも、2杯飲んでも不安は消えない。1缶飲んでも、2缶飲んでもなお不安は消えない。そこで、不安が消えるまでココアを飲み続け、どんどん缶を空けていってしまった。それでも、不安は消えない。こう捉えることはできないでしょうか。

つまり、それだけ今回の環境の変化は大きく、本人の不安は極限に達していたと理解することができます。

このエピソードからわかることは、少なくとも、今本人に必要なもの、本人にとってのニーズとは、何杯ものココアを飲むことではないということ。そして、また、息子さんが望むように、何缶もココアを飲んでしまうことを無理やり止めることでもないということでしょう。

おそらく、今早急に必要なのは、突然の転居により、不安でたまらなくなってしまっている本人にとって安心できる場、環境を整えることだと考えられるのではないでしょうか。

3 情報収集

ケアマネジャーにとって情報収集で大切なことは、利用者・家族介護者の状況、生活上の諸問題を全体的に見渡すことです。そのためには、利用者・家族の言葉、ケアマネジャーや第三者の観察によるものなど、主観的な情報と客観的な情報とを分けて考えます。また、アセスメントシートなどで情報の偏りを防ぎ、利用者・介護者の全体像をつかむようにします。

また、問題状況についてだけでなく、利用者の持っている強さに着目し、利用者自身の力を引き出すことも、ケアマネジメントをするうえで重要な技法となります。

以下利用者本人について情報収集するための方策を、医療面から春日先生に記述していただき、その後に家族情報の収集について述べていきます。　　（土屋典子）

4 ⋯本人の情報を入手するにはどうするか
──医療面からのアドバイス

(1) 本人の生活歴、あるいは物語
● **主観的な情報こそが重要**

　もしもケアプランの対象となっている認知症高齢者が、認知症となる直前に、「自分史」を書いて自費出版をしていたとしましょう。その小冊子を読者諸氏が手に入れたとします。果たして自分史にはプラン作成上どれほどの価値があり、また我々はどんなところに重点を置いて読んでみるべきでしょうか。

　わたしの考えでは、内容のみならず小冊子そのものに、何ものにも代えがたい重い価値があります。家族の話や、知人・友人の証言よりもはるかに重要です。

　なぜなら自分史は主観に基づいて書かれているからです。もしかすると内容には多少の脚色や誇張がなされているかもしれない。自慢話の色彩を帯びているかもしれない。だからこそ重要なのです。

　本人の生活歴（いや、無味乾燥な編年的情報などではなく、現在の本人を読み解くための物語と考えたほうが適切かもしれません）を把握するとは、結局のところ本人の自尊心のありようを探る作業であるとわたしは思っています。

● **本人の自尊心をよりどころにする**

　よく知られているように、認知症高齢者はたとえ知的能力は大きく衰えても、感情の部分にはみずみずしさが残っています。そのいっぽう、記憶力や理解力等が失われたことによる混乱や困惑が行動障害につながりがちとなる。老人は不安や悔しさや「よるべなさ」に翻弄される。そんな時に、彼らを支えるよりどころとは、おそらく自尊心なのです。自尊心を接点として、我々は彼らの気持ちへ寄り添っていくことが可能となる。

　だが、いったい何がその人にとっての自尊心を形づくっているのかは、個人の物語を味わってみないとリアルには見えてこないのです。いわゆる自己実現に成功した人ならばわかりやすいでしょう。しかし多くの市井人たちが、どのようなところに誇りや慰めを見出しながら生きてきたかは、すぐに見えてくるとは限りません。

　ある人にとっては、同じ会社に四十年近く黙々と勤め続けたことこそが矜持（きょうじ）（プライド）となっているかもしれません。別な人は、管理職に就けたことこそが心の中での勲章となっているかもしれない。酒癖の悪い夫と渡り合いながら子どもを育てあげたことが誇りとなっているかもしれないし、若いころには看板娘であったこ

とが大切な思い出となっているのかもしれない。自分に特別な才能や業績はなかったけれど、とにかく誠実に生きてきたことを認めてもらいたいと願っているかもしれない。挫折したなりに夢を持っていたことが、今の自分を一味違ったものにしていると考えていたのかもしれない。いずれにせよ、何らかの形で自己肯定をしながら、誰もが人生を営んできたに違いない。

逆に、本人にとって触れられたくないことだってあるでしょう。思い出すのも嫌なことは、誰にでもあります。それを連想させるような話題が出ただけで、不意に怒りだして周囲が顔を見合わせるようなことだってあり得ましょう。

● 何を語りたがったか、何を語りたがらなかったか

したがって、生活歴は本人からたっぷりとバイアスの加わった状態で聴取したものが貴重なのです。ただし現実には、目の前の認知症高齢者から長いストーリーを聞き出すことはきわめて困難です。となれば、家族から大まかに話を聞くしかない。それは客観的ではありましょうが、内容が老人にとっての「物語」と一致しているとは限りません。そんな際にはダブルスタンダードで我々は接していくべきでしょう。本人・家族どちらの話も真実である、と。

家族からの聴取の段階で、さまざまな反応に出会うことでしょう。例えば学歴についてたずねた時に、「どうしてそんなことが介護に関係あるんですか！」と強い反感を示されたとします。ならばおそらく、家族にとって学歴に関して忸怩たる思いとか恥ずかしさを抱えていることを示しているのかもしれません。逆に、大変な高学歴なのに認知症となってしまったことに対する悔しさが反感に込められているのかもしれません。

そういった意味からは、プライバシー云々といったことよりは、何を語りたがらず、何を語りたがったかということのほうが重要でしょう。そのような手がかりから、何を突破口にして相手の心をつかむか、どのような「わだかまり」が本人や家族を捉えているのかが見えてくるのですから。

● 生活歴聴取はスムーズな介護アプローチの戦略

我々にとって生活歴は、履歴書や本人略歴といったものとは違います。本人の人柄やトーン、願望やこだわり、プライドや誇り、それに対する周囲の見方等を把握し、その人なりの物語（時には妄想に近いものかもしれません）を知ることによって、いかにスムーズに介護のアプローチをしていくか——そのための戦略であると自覚すべきではないかと考えます。

かつて生活保護の独居老人が、「俺は昔はボクシングのチャンピオンだったんだ」

と盛んに自慢をしていました。確かに腕相撲をしてみても大変な強さです。しかしどうせ妄想だか作話だろうと思っていました。ところが、ある日、ごみ屋敷状態の部屋の奥から、彼はタイトルを獲得した際の写真を持ち出してきたのです。彼の言っていたことは本当でした。わたしは素直に感心し、また多くの関係者も驚き、そのエピソードが介護にあたって大きなプラスとなりました。

　今になって思い返してみますと、半信半疑なりに彼の物語に付き合い、また腕相撲をするといったパフォーマンスが彼を活気づけたことは確かです。このような劇的な話は滅多にありませんが、いずれにせよ本人の自尊心や「心の故郷」へかにかかわれるかを探る過程がすなわち生活歴聴取であることを、ここで確認しておきたいと思います。

〈2〉日常生活の把握
●何を知るためにたずねるのかを明確にする

　自宅での介護が限界となって入院へいたる認知症高齢者では、やはり夜間せん妄が原因として多いようです。ことに興奮や暴力が伴うと、家族はへとへとになるうえに、近隣への迷惑といったこともあり、ギブアップといった顛末となってしまいがちです。

　では入院となった老人は、病院でどのようなフォローを受けるのでしょうか。興奮を抑える薬（グラマリール®など）や抗幻覚妄想薬（セレネース®、リスパダール®など）、眠剤などが少量投与されますが、それよりもポイントの第1は、生活リズムの確立です。昼間はしっかり起きているように工夫して、そのぶん夜は疲れてぐっすり眠るように図る。そのことだけで、見違えるように状態は改善します。

　昼間しっかり起きていてもらうことは、言葉では簡単ですが実際には容易ではありません。家族が「昼間はちゃんと起きています」と言っても、実際にはテレビをつけっぱなしのままうつらうつらしていたり、他人と接することのないままぼんやりと時間を過ごしているだけだったりする。少なくとも、夜に眠くなるだけの疲れが出るような生活を営んでいない。それでは昼夜のメリハリがない生活の延長として、夜間せん妄が出現しても仕方がないでしょう。

　表面的な聞き取りだけでは、情報が不正確なことは珍しくありません。上記で述べたように、おざなりな質問をして答えをうのみにしていては、夜間せん妄の原因がつかめないことが好例です。

　何を知るためにたずねているのか、それを明確にする必要がある。さしあたっての方策として、①生活リズム、②現実感、③自立、④体調の4つに分けて考えてみましょう。もちろんこれら4要素は互いに関係し合っています。

- **日常生活の4要素で重要なポイント**

①生活リズム

　これが不明確になったり乱れると、高齢者では夜間せん妄を起こしたり、体調を崩したり、幻覚や妄想が起きやすくなります。

　昼間、漫然と起きていても実は昼寝をしたりうつらうつらしている状態に過ぎないことが少なくありません。したがって、他人とのコミュニケーション（これがあればちゃんと起きている証左となるわけです。友人付き合い、近所付き合いなどを含む）があるのか、どこか外へ出かける機会はどれほどあるのか、仏壇を拝むとか1日のうちで決まった時間に行われる決まった行動はあるのか、本人には昼間（午前・午後）や夜の感覚があるのか（食事が昼食であるとか夕食であるとわかっているのか、着替えをしているのか等）、お気に入りのテレビ番組はあるのか（そして放映時間帯や放映の曜日をある程度わかっているのか）、就寝時間（そして実際に寝つく時間）と起床時間はいつなのか、夜中にトイレへ行く場合にはだいたい時刻が一定しているのか等を把握する必要がありましょう。

　また行動障害（徘徊、暴力、失禁等）がどんな時間帯に起きがちか、他人とのコミュニケーションがあった時とない時とで行動障害の出現に差があるのか、といった点も大切です。

　なお生活リズムを是正するには、昼間にいろいろと本人に刺激（楽しみ、人付き合い、外出、課題）を与える必要が出てきます。他人との交わりを嫌がるのか喜ぶのか、身体を動かすことを面倒がるか、気に入ったことがあればそれを熱心に行うタイプなのか、目新しいことには不安がるタイプなのか好奇心を持つタイプなのか、といったことも知っておきたいところです。

②現実感

　これがないと、結局のところ本人は精神的に孤立してしまいます。社会の流れから取り残されてしまう。すると不安感や猜疑心が前景化しがちとなりますし、とんちんかんな言動につながりかねません。コミュニケーションも成立しなくなって、ますます孤立していくことになってしまいます。

　家族の顔と名前を判別できているか、今現在の季節や時代を感覚的に把握しているか、住んでいる場所が誰の家でどこにあるのかを理解しているか、自宅内の位置関係（どこにトイレがあるか等）はわかっているのかなどの確認は必要です。

　また自分が何歳であり、仕事は引退しているのか、以前はどんな仕事をしていたのか、といったことも把握すべきです。金銭についての関心（無関心か、それとも被害的か、あるいは入金・支出について妄想的な理解をしているのか等）、食事は

誰が用意していると思っているか、また家族に対する本人なりの評価やイメージも大切です。こうした事柄の認知が歪んでいることで、トラブルが生じたり、本人の感情がささくれ立つことが少なくありません。

③自立

身の回りの最低限（食事・排泄・洗面・入浴・着替え）を自分でこなせるか否かは、介護の必要性といった意味を超えて重要な情報です。他人に頼らねばならない時、しかも頼る相手にマイナスの感情を抱いている時には、その無念さが行動障害や妄想的言動となって現れる可能性は大きいでしょう。家族が自分に受容的に接してくれていることを体感していれば、自立度が低くても何とかやっていきやすいし、逆ならば、老人は自分の無力さや失敗をごまかすべく奇異な行動をとって（例えば、汚れた下着を苦しまぎれに冷蔵庫へ隠してしまうなど）よけいにトラブルを増大させるかもしれません。自立度は、人間関係とペアで考えないと実際にどれだけ大変であるかを計ることはできません。

なお、本人は自立しているつもりで台所に立ち、火の不始末を繰り返すといった事例などは案外多いようです。本人が「自分は自立が困難」と自認しているかどうかは大切なポイントですし、特に独居の場合は火の問題が最も頭を痛めるところです。

④体調

老人の特性のひとつは、身体症状と精神症状との区別があいまいなことにあります。ことに認知症においては、痛みや身体的不快感を妄想や感情の変化に託しがちです。逆に、精神的な問題を身体的な訴えとして表現することも珍しくありません（不安感を直接に訴えずに、いつも残尿感として訴えるなど）。そういった点からも、身体的な問題や「こだわり」についての情報は重要ですし、身体的訴えイコール身体的問題と短絡して解釈すべきではありません。

内科や整形外科から驚くほどたくさんの薬が、しかも重複して処方されていることも多いようです。むしろ副作用が問題となっている。体調に関しては、受診状況や服薬状況についての情報整理が重要です。

また、例えば壮年期から腰痛とか便秘に悩んでいたといった情報があれば、そのような症状を仲立ちとして本人の心をつかみやすくなるかもしれません。入院歴や治療歴のみならず、本人の身体的な悩みや関心を知ることで、アプローチの大きな手がかりとなるわけです。

(3) 行動障害について

　いったい行動障害とは何でしょうか。周囲に迷惑を及ぼす言動、本人にとって危険であったり不利となる言動、周囲が理解しかねる言動といったあたりの総称となりましょうか。したがって、行動障害とは必ずしも絶対的なものではなく、周囲の状況次第では、「障害」であると認識されるとは限らないことになります。

　以前、ある島へ行ったら、認知症高齢者の徘徊がさして問題になっていないことに驚きました。交通事故の心配がほとんどなく、また互いに顔見知りの人たちばかりなので、迷子になってもすぐに誰かが連れ戻してくれる。誰もがおっとりしているので、徘徊であろうと散歩であろうとのんびり見守ってくれる。また大声を出しても家屋が密集していないので迷惑になりにくいし、興奮しても誰か顔見知りが取りなしてくれることで結構丸く収まってしまう。まことに包容力に富んだ環境であることに感心した覚えがあります。

　ただしそのぶん医療は不十分ですし、もしも人間関係がこじれたら、なまじ都会よりも厄介なことになりかねない。一長一短があるわけです。

　押さえるべきポイントは、家族や周囲の人間がどのような経緯でその行動を「行動障害」であると考えているかという点でしょう。以下に、言動に従ってそれぞれについて述べていきましょう。

妄想

　認知症高齢者が多少わけのわからぬことを言ったとしても、それは当然だ、無理からぬことだと捉える人がいます（だから、施設や病院のスタッフは淡々と仕事をこなしていけるのです）。いっぽう、その背景には相応の理由（悪意や恨みや憎しみなど）があると家族が解釈して感情に軋轢が生じたり、あるいは本人が妄想に基づいて興奮したり拒否的になったりして介護者が閉口した時に、初めて妄想は「障害である」ということになります。

　したがって、本人が非現実的なことを言ったり信じているといったこと以外に、それに対して家族がどう感じているか（家族1人ひとりが違った感情を抱いていることも少なくありません）、どのように理解しているか、どんなふうに困っているかをきちんと聞き出すべきです。また家族は妄想が消失しなければいけないと考えているのか、トラブルさえなくなれば良いと思っているのか、そもそも本当に妄想と思っているのか（実は『ふり』をしているだけと信じている家族がいたりするものです）、といったあたりも確認しなければなりません。

　つまり妄想があっても、だから本人へアプローチすることに力を注ぐべきか、むしろ家族の思い込みや感情のもつれにアプローチすべきか、自ずと作戦が違ってくることに留意してください。

作話

　記憶障害や現実認識が上手く行っていないことから、老人はつじつまを合わせるために「作り話」をしてしまうことがあります。まことしやかな話から荒唐無稽な話までさまざまですが、時にはその話に対して家族が深読みをして怒ったり悲しんだり、また事情を知らない人間が作り話を信じてしまうことでトラブルが起きたりします。いったい作話によって家族は何が困るのか、何が許せないのか、その実際をきちんと把握しておきましょう。

せん妄

　せん妄とは、一種の「寝ぼけた状態」に近いものです。意識がやや混濁し、不安や困惑から興奮を伴いがちです。夜中に起きがちで（夜間せん妄）、大声や奇声を伴うと近隣への迷惑にもなりますし、家族も放置しておくわけにいかず、消耗させられます。

　すでに述べましたように、せん妄の出現には生活リズムにメリハリがなくなっていることを背景にしていることが多いので、そのあたりをチェックしましょう。中途半端な眠剤の使用がかえって状態を悪化させることがあることも知っておきましょう（ハルシオン®やマイスリー®といった超短期作用型の眠剤は、せん妄をきたしやすいことにも注意）。

　環境の変化は、本人に見当識を失わせる要因となるため、混乱や不安が夜間せん妄の出現を招くことになります。施設へ移った数日間は夜間せん妄を繰り返すものの、やがて自然に鎮静していくといったケースが多いのも環境変化が関係しているわけです。したがって、部屋の様子が変わったり（家具の位置が移動したり、布団がベッドに変わったり、部屋を移ったり等）、家族においてメンバーの出入りがあって家の中の雰囲気が変わった時（孫が修学旅行へ出かけて、妙に夜が静かになってしまっただけで老人の様子がおかしくなった、などといったエピソードもあります）は要注意です。

徘徊

　目を離したすきに戸外へ出て、そのまま迷子になったり交通事故に遭いかけたりするといったパターンが多いようです。また夕方になると、自分の家なのに「自宅へ帰る」と言い出して家から出て行こうとする、といったパターンもあります。

　いずれにしても、今いる場所が本人にとって安心できる所・馴染む所でないから徘徊につながるのです。だから、家族と本人との関係が上手くいっているか、本人にとって不本意な状態を強いられているといった事実があるのか、どうしても慣れ親しめない要素があるのか、といったことを調べる必要が出てきます。

なお、これまで徘徊や迷子に対して家族がどのような態度を示してきたかも知っておきたいところです。本人には理解のしようがないのに家族が口うるさく叱り、そのことで老人は居場所がないと感じて再び徘徊におよび、叱咤（しった）と徘徊との悪循環を呈しているといったことも少なくないからです。

興奮・攻撃性・拒絶的な言動

認知症の進行に伴う人格変化が背景にある場合や、不安焦燥や「もどかしさ」の表現である場合、妄想や邪推に由来している場合など、さまざまなケースが考えられます。

相手によって態度が変わったり「外づら」だけは良いといった場合には、従来の性格の先鋭化や妄想が大きく関係しがちです。身体的な辛さや不快感が基盤となっていることもありますし、家族の気付かぬ不平不満があるのかもしれません。いずれにせよ、いつ・どんな時に・誰に対して生ずるのかを把握しましょう。また家族がどのような態度で「爆発」や「怒り」に接してきたかも、知っておくべきです。

なお、こうした症状に対して向精神薬を使用することに対してはさまざまな意見があり、むしろ副作用（ふらつきによる転倒、薬剤性パーキンソニズム、過鎮静、便秘など）を強調する向きもありますが、少量を上手に使いこなすことで大きな効果をあげることがあります（常に、というわけにはいかないのですが）。したがって薬剤使用についての家族の意向も聞いておきましょう。ただし投薬はどうしても試行錯誤となりますので、きちんと精神科医それも認知症高齢者を扱っている医師に委ねるべきです。

失禁

トイレの場所がわからないことが問題視されているのか、トイレに間に合わなくなることが問題なのか、それとも汚れた下着を隠したり弄便（ろうべん）することが問題なのか、便をもらすことにまったく無頓着なので問題なのか、そのあたりをはっきりさせておきましょう。

すなわち見当識の問題なのか、尿意や便意の問題なのか、羞恥心（しゅうちしん）や困惑の問題なのか、むしろ生理的な問題なのかをはっきりさせねば対応法が立てられないということです。

失禁が重なると家族は絶望感にとらわれがちとなります。あきらめの気分が強まり、激しく叱責（しっせき）したり、時には虐待にまでつながりかねません。家族の気持ちも十分に聞き出し、ねぎらう必要がありましょう。

(4) 健康管理

　身体的な問題を把握しておくことは、精神の健康を保つためにも重要です。どのようなことがポイントとなるでしょうか。

脱水

　高齢者は脱水となりがちです。すると脳血流量が低下したり電解質バランスが狂い、せん妄を呈しがちとなります。夏場はもとより、冬も電気毛布やこたつのせいで脱水を起こすことがあります。水分摂取が不十分なケースは、かなりの率で見られます。尿が十分に出ているかもチェックしましょう。

血圧

　高血圧が有害なのは当然ですが、低血圧（ことに起立性低血圧）は「ふらつき→転倒→骨折や慢性硬膜下血腫（けっしゅ）」といった原因になるので要注意です。

下痢・便秘

　高齢者は、特に便秘の不快感には敏感なようで、それが苛立ちや不穏の原因となることも珍しくありません。また下痢は脱水の原因ともなります。

食欲

　食欲が振るわない場合には、身体的問題のみならず精神的な要素（抑うつ状態や不安など）が関与している可能性があります。逆に食欲が異常に高まっている場合には、認知症による時間感覚の欠落に加えて不安感や「よるべのなさ」が反映されていることが多いようです。我々とて心配事や悲しみで食欲が失せたり、逆にストレスから過食となったりしがちです。家族は往々にして「年寄りのくせに、こんなに食べて浅ましい」などと眉をひそめますが、そのような誤解はますます本人を追い詰めます。

褥瘡

　寝たきりの場合、褥瘡（じょくそう）がいったんできると治療は容易ではありません。寝たきりの程度、体位交換などについての情報は必須です。

睡眠

　眠りが浅いか、寝つきが悪いか、朝早く目が覚めて困るか、トイレに行きたくなって何度も目を覚ますのか、といった情報に加え、昼間の生活ぶり（きちんと起きていて生活リズムにメリハリがついているか）も把握しましょう。

転倒

転倒が怖いのは、しばしば大腿骨頸部骨折（足の付け根の、体重がかかる部分の骨折）を起こして長期間寝たきりを強いられる心配があることと、慢性硬膜下血腫（脳と頭がい骨との間に出血を起こして血腫ができ、それが徐々に脳を圧迫していく。意識レベルが低下したり、ふらつきや抑うつ症状などが出る）が出現することがあるためです。特に後者は1カ月くらいしてから症状が徐々に出現するので、認知症が進行してきたように映ることがあります。診断は頭部CTで簡単につきます。

痛み

ことに慢性的な痛みは、不満や不安が託されて訴えられていることが多いようです。時として痛み止めが不用意に処方されて、その副作用がかえって問題となっていることすらあります。精神的なものとの相関を知っておきたいものです。

（春日武彦）

5 家族の情報を入手するにはどうするか

　以上、春日先生に述べていただいた本人状況と同じように、家族についても十分な情報収集が必要です。
　認知症ケアでは、一番身近なところで最も長時間かかわりを続けている人の意見が最も重要です。身近な介護者の置かれている状況を知ることが、認知症高齢者その人を知ることにつながってくるからです。
　そこで、まず誰が利用者にとって最も近しい家族であるのかを見極めます。この場合には、最も多くの時間を共有する人は誰かを考えるとよいでしょう。
　まれに、遠方にいる家族から頻繁に連絡が入り、その家族と実際にケアにあたる介護者との間でケア方法について大きな食い違いがあり、それぞれの言い分を聞くうちにケアの方針が立たなくなってしまい、関係者が混乱してしまうなどということも聞きます。したがって、その家族が、利用者をとりまくケア体制のどの位置にいる人なのかをよく見極めたうえで情報を得るような工夫が必要です。

◻ 家族情報のポイント
　家族情報については、以下のポイントで聞いていきます。

介護にあてている時間
　どの程度の時間を介護にあてているのか、1日のタイムスケジュールを聞いておきます。次のような事項がポイントになります。
　□排泄介助は何時間おきに行っているのか、1回にどの程度の時間がかかるのか
　□食事介助は何時ごろ、それぞれにどの程度の時間がかかっているのか
　□入浴、保清については、週に何回、何時ごろ、どれくらい時間がかかっているのか
　□その他、見守りなど特別な介護がどの程度行われているか

介護技術
　介護技術に関して、次のポイントを聞いていきます。
　□排泄時には、どのような方法で介助を行っているのか
　□食事介助はどうか、嚥下の問題はないのか
　□入浴、保清についてはどうか、本人が入浴を拒否してはいないか、適切な対応が行えているかなど
　□その他、介護に必要な技術を身につけているか

介護者の生活リズム

介護者自身の生活がメリハリのきいたものになっているか、次のポイントで聞いていきます。
- □介護者がずっと利用者本人につきっきりでいることはないか
- □介護だけの生活になっていないか。睡眠や余暇の時間は持てているのか

介護者の余暇

介護者の余暇の使い方について、次のポイントで聞きます。
- □休日、サービス利用時にきちんと息抜きをしているか
- □趣味は行えているか
- □介護だけの生活になっていないか
- □生活を楽しめているか

家族が抱え込む課題

- □他の親族、家族との間に問題はないか
- □家族内で介護方針、介護にかかわる経済的な問題などについて意見の相違などが生じていないか

本人と家族との関係

本人と家族のこれまでの関係、今の関係、サポートネットワークの存在などについて聞いていきます。
- □介護者と本人との間で葛藤など生じていないか
- □今現在介護をすることについてマイナスの感情がないか
- □介護者をサポートしてくれる存在があるか

6 入手した情報を分析する

個人因子か環境因子かを見極めよう

「排泄が自立できない」という状況の認知症高齢者がいて、得られた情報を整理すると、次のような行動障害のパターンを把握することができたとします。

- 排泄しようとする意識はある様子
- トイレまで誘導して、衣服の着脱を手伝うとそこで排泄を行える
- 目を離すと、所かまわず、床の間にも排泄をしてしまう

「排泄しようとする意識はある」とのことから、尿意、便意があることがわかります。つまり、そのサインをキャッチできれば、排泄をスムーズに行うための第一歩が踏み出せるでしょう。

また、「トイレまで誘導」すれば排泄を行えるということですから、トイレの場所が認識できないため、どこでも排泄してしまうことが考えられます。

そこで、有効な対策としては、まずトイレの場所が認知できるようにする方法が考えられます。例えば、トイレのドアを目立つものにするなど、環境面での工夫をします。さらに尿意のサインを介護者がキャッチし、その時に、うまくトイレまで誘導し、トイレを認識してもらうようにすることも考えられるでしょう。

こうした工夫を行うことで、「尿意→トイレに行く→排泄する」という流れが本人の中で学習できます。

こうして、排泄が自立できていないという1つの現象をとってみても、その原因が、本人の尿意の問題なのか、トイレの認知の問題なのか、それとも環境的に改善できるようなトイレのドアや段差・場所の問題なのか、本人のサインをキャッチし、適切に誘導するマンパワーの問題なのかなど、**行動障害を起こしている要因を分析**できれば、対応方法もよりスムーズに考えることができるようになります。

このように、本人の語る言葉や観察される状況をもとに、個人の状況から生じるものなのか、あるいは環境から生じるものなのか、まず問題の洗い出しを行い、それぞれの問題の関係性について分析し、困難さが生じている背景要因を導き出していきます。

ニーズが具体的になると援助目標が現れる

繰り返しになりますが、上記の方の場合、トイレが認識できないために失禁状態が続いていたとすれば、トイレのドアを目立つものにしたり、またヘルパーや家族

が声かけや誘導を行うなどの方法が考えられます。

このように、得られた情報から「なぜこのような状態が生じるのか」(問題状況の把握)、「どうすればその状況は改善するのか」(問題状況の改善方法の提案)と考察、推論を行っていく過程が情報分析にあたります。

そして、問題の背景が明らかになれば、ニーズ(課題)は自然に浮き彫りにされていきます。そして、ニーズが具体的になれば、その改善方法もスムーズに導き出され、その人の表明していた「こう暮らしたい」という生活に必要な目標(援助目標)も明らかとなります。あとは選択肢の中でどの方法(サービスの種類)を選択するかだけです。

認知症高齢者の場合、生活のしづらさとは、ADL(日常生活動作)そのものの問題というよりは、身体的・精神的・心理的・社会的要因が複雑にからみ合った問題が多いといえます。

例えば、できることとできないことが日によって、また、環境によって変化します。また、ケアを行う立場に誰がいるかによっても、混乱が引き起こされたり、されなかったりします。そのため、混乱を引き起こす原因の特定が難しく、その結果、その状況の除去にも時間がかかることがあります。認知症高齢者へのアセスメントを行ううえでは、こうした点に留意しておくことも重要です。

6 居宅サービス計画（ケアプラン）原案

▶ケアプランの前の原案ですが、ほぼ完成形と考えます

◘ 認知症の本人にもわかるような言葉で

　先のアセスメントで明らかになった課題をもとに「居宅サービス計画書原案」を作成します。その後、後述する手順で修正を加え、居宅サービス計画（ケアプラン）を作成することになります。

　ケアプラン原案は、「第1表」「第2表」「第3表」と呼ばれる3種類の書式にまとめます。

　認知症高齢者の本人にもわかりやすいように、プランはできるだけ簡潔な言葉で記載します。利用者への伝え方は、ゆっくり穏やかに、短いセンテンスで繰り返し説明を行います。

　特に、平成16年度から不正な保険請求を防ぐために、自治体ごとにケアプラン適正化事業の実施を進めるなどの動きが強まっています。

　例えば訪問介護の利用方法なども、かなり細かなルールが定められています。サービスの導入時には、利用サービスの適切さやそのサービスを導入する根拠など、きちんと吟味してケアプランを作成していきましょう。

　認知症高齢者のためのケアプラン原案作成のポイントは次の5つです。

- わかりやすく、ゆっくり、穏やかに、何度も繰り返し話をする
- 認知症になる前に利用者が大切にしていた暮らし方、価値観を把握し、そこからの延長線上にある暮らし方をイメージして「援助目標」を明確にする
- 援助目標を達成するため、多様なサービスの選択肢を用意する
- 利用者、介護者の力を引き出すことのできるケアプランを作成する
- 認知症高齢者に対する適切なサービスが見当たらない場合が多いので、時には新しいサービスを開拓することも視野に入れる

1 ▸▸ 第1表「居宅サービス計画書（1）」のつくり方

　第1表には、総合的な援助方針を記載します。利用者・家族の意向、認定審査会の意見、課題分析結果をもとにして、各サービス担当者とケアマネジャーがまとめ

ます。記入例を62〜63ページに掲載しましたので、参考にしてください。

利用者及び家族の生活に対する意向

　第1表は、利用者主導の観点で作成することが基本です。しかし利用者自身が自らの言葉で表現しない場合には、利用者の様子、そぶり、最近の生活の好みなど、さまざまな視点から把握した状態を記載します。

　また、別に聞き取った家族の意向も、そのまま記載するようにします。

介護認定審査会の意見及びサービスの種類の指定

　第1表中段の認定審査会意見については、介護保険証に記載されているものを転記します。

総合的な援助方針

　この箇所は、アセスメントのプロセスをすべて終わらせた段階で、全体の総括として記入します。

　内容は次の順に記入します。

①生活全般の解決すべき課題は何か
②その課題について各種のサービス担当者がどのような方針をとっているか
③ケアマネジャーはどのような方針をとっているのか
④緊急時にはどのような対応をとるつもりであるか

◆第1表「居宅サービス計画書(1)」の記入例とポイント

第一表	
利用者名　　　　　　　　　　　　　様	
居宅サービス計画作成者氏名	
居宅介護支援事業者・事業所名及び所在地	
居宅サービス計画(変更)日　　年　　月　　日	
認定日　　　年　　月　　日	
要介護状態区分	
利用者及び家族の生活に対する意向	
介護認定審査会の意見及びサービスの種類の指定	
総合的な援助の方針	
生活援助中心型の算定理由	

- 利用者、家族がどのような生活(サービス)を望んでいるのかを記入する。
- 利用者・家族の言葉を記入する。
- 利用者本人が言葉にできない場合、情報収集で聞き取ったこれまでの利用者の大切にしてきた生き方、価値観をもとに、利用者が望んでいる生活をイメージする。
- 家族の意向が異なっている場合はそれぞれの主張を記載する。

- 介護保険の被保険者証に記載がある場合は確認して転記する。
- サービスの種類について指定がある場合、その旨記載する。

- 生活全般の解決すべき課題は何か。またそれについて各サービス担当者はどのような方針をとっているか。それを受けてケアマネジャーはどのような方針をとっているか。
- アセスメントにより明らかとなったニーズに対して、ケアマネジャーとサービス担当者がどのような方針で援助に当たろうとしているかを明記する。
- 予測される緊急事態と対応方法、緊急連絡先も記載しておく。

居宅サービス計画書（1）

作成年月日　　年　　月　　日

初回・照会・継続　　認定済・申請中

生年月日　　年　　月　　日　　住所

初回居宅サービス計画作成日　　年　　月　　日

認定日の有効年月日　　年　　月　　日から　　年　　月　　日

要支援1・要支援2・要介護1・要介護2・要介護3・要介護4・要介護5

絹さん（利用者）：ご本人の直接的な言葉はなし。しかし、「洋子がいないと心配。」という言葉が繰り返される。洋子さんがいないと姿を探している。
洋子さん（長女）：自分の手で、この家で看ていきたい。母が母らしく過ごせるように、今の状態を続けていきたい。

サービス種類の指定：なし

①洋子さんを頼りにしているという絹さんの意向、そして絹さんを自宅で、自分の手で看ていきたいという洋子さんの意向を尊重してかかわりをさせていただきます。②在宅での生活を困難にしている要因をみつけ、改善点を一緒に考えさせていただきます。（絹さんの体力低下、洋子さんの疲労の増加）③お二人にとっての健やかな生活が保たれるための方法を、他の専門職の方々とも協働して提案させていただきます。
緊急時：長男利男さん　090-0000-0000

1. 一人暮らし　　2. 家族等が障害・疾病　　3. その他

2 第2表「居宅サービス計画書（2）」のつくり方

第2表にはアセスメントにより得られた課題、課題の解決のための援助目標、目標達成のためのサービス内容・期間・頻度などを記入していきます。66〜67ページの記入例を参考にしてください。

◘ ニーズの優先順位の決め方

いくつかあがったニーズの多くは、相互に関連を持っているものです。そこで、ケアマネジャー自身がまず取り組む必要を感じるもの、認知症高齢者がまず受け入れ可能であると思われるものから順に記載するようにします。

ただし、時間の流れの中で緊急性の高いニーズが変化する場合があります。この場合には、他のアセスメントの最中でも、より緊急性の高くなったニーズに対応するプランを作成し、サービスの手配をしてしまうことも考えられます。こうした場合には、順序にこだわる必要はありません。利用者の生活の流れに沿って準備を進めます。

◘ 援助目標のつくり方

援助目標には長期目標と短期目標があります。それぞれ次のような内容でつくります。

長期目標
- 解決すべき課題に対してそれぞれ目標を設定します。
- 認知症となり、要介護の状態となったことと折り合いながら、限られた環境の中でどのように「充実した生」を生きることができるかについて、ともに考え、援助目標とします。

短期目標
- 短期目標は長期目標を達成するための手段です。
- 長期目標に段階的に対応します。
- 低下したADLの改善、治療的なケアとその補完を中心として考えます。
- 抽象的な言葉ではなく、具体的な内容、かつ達成可能な目標とします。

◘ 援助目標をつくる際のポイント

援助目標をつくる際には、利用者本位、利用者の立場に立つことが大切です。具体的には、次の5つのポイントを踏まえていることが大切でしょう。

- その人らしさが出ているか
- その人の持っている力が発揮できるものか
- 安全や健康の視点で問題がないか
- 安心して心地よく生活ができるのか
- 継続して地域で生活することを目的としているか

　つまり、認知症であっても、できる限り自分のことは自分で決め（自己決定の原則）、住み慣れた環境で継続して暮らし（継続性の原則）、自分の持っている力を最大限生かして暮らす（自己資源の開拓の原則）という3つの原則が重要であるように思います。
　いずれにせよ、「本人らしさを尊重する」などというあいまいな表現ではなく、ケアをする1人ひとりが、具体的な指標をもとに、かかわりを行うことが重要になるといえます。

援助内容、サービスの種類の選定

　まず、短期目標を達成するために必要な援助内容を考え、次に、その援助内容はどのようなサービスによって可能となるか考えます。
　当然ですが、1つの課題、目標を達成するための方法は決して1つではありません。おそらく1つの課題に対していくつもの方法・案が考えられることと思います。
　認知症高齢者のケアプランを考える際には、その課題・目標達成のために最も有効な方法は何か、吟味することが非常に重要になります。
　例えば、入浴ができていない高齢者がいたとします。この場合、当然入浴できる環境を整え、そのための方法を考えるわけですが、短絡的に、訪問看護による入浴介助、訪問入浴サービスなどと結びつけて、機械的にサービスを導入すればいいわけではありません。その人がこれまでどのような入浴方法を好んできているのか、現状においてはどのような方法が確実か、本人にストレスがないかなど、1つひとつ吟味することが大切です。
　おそらく、1人ひとりに適切なサービスをつなぐための第一条件は、利用者について適切な理解ができていることです。同じ疾病、障害、年齢であったとしても、人はみなそれぞれ個性を持ち、自分の意思を大切にして暮らしています。認知症高齢者の場合、特にこの点が大切です。

頻度と期間

　利用者の身体・精神状態の変化を予測して、期間を設定します。無理のない、利用者の状態に適したものとなるよう配慮します。

◆第2表「居宅サービス計画書(2)」の記入例とポイント

居宅サービス計画書(2)

第2表

利用者名　　　　　　　　　　　様

生活全般の解決すべき課題(ニーズ)援助目標	援助目標			
	長期目標	期間	短期目標	期間
食事をおいしく取れるように工夫する	自分の手でゆっくりとかんで食べられるようにする	4/1～7/31	①介護者による見守りを行い、焦らずにかめるようにする ②調理方法を工夫する。入れ歯を直す	4/1～4/30
体の変化を事前に把握して、体の機能の低下や悪化を防ぐ	身体面での変化を把握する	4/1～7/31	専門家による見守りを行う	4/1～4/30
尿意はあるが、そのことを伝えることができず失敗してしまうことがある	排泄が安心して行える	4/1～7/31	絹さんの様子を伺いながら、トイレのサインをキャッチし、トイレに誘導するなど、排泄介助の方法を検討する	4/1～4/30
絹さんが楽しいと感じる時間を増やす	絹さんの好きな場所に出かけて行く	4/1～7/31	深大寺にお花見に行く	4/1～4/30

人が「社会の中で自立して暮らすために」、また、「自分の望む暮らし方を実現するために」、さらに「生活の質を一定以上のレベルにまで到達あるいは維持、回復するために」必要なもの。優先順位の高いものから順に記入する。

ニーズに対して個々に設定する。生活の質の視点を大切にし、限られた環境の中でどのように生を充実したものとして生きることができるか、利用者の生活の**目的**に位置するもの。

長期目標に対して段階的に対応。抽象的な言葉でなく具体的な内容、かつ解決可能なものとする。長期目標を達成するための**手段**。

※1　保険給付対象か否かの区分について、保険給付対象内サービスについては丸印を付す
※2　当該サービス提供を行う事業所について記入する

> 頻度は回数、実施曜日等、期間はどのくらいの実施予定か記入する。

援助内容

サービス内容	※1	サービス種別	※2	頻度	期間
①ヘルパーによる見守り介助 ②ヘルパーによる調理補助 ③訪問歯科		①②訪問介護 ③訪問歯科		①②週3	1カ月
看護師による絹さんの体調管理、服薬管理		訪問看護		週1	1カ月
排泄介助(巡回型、昼間トイレ介助、夜間オムツ介助)		訪問介護		毎日	1カ月
ボランティアグループ「お助け隊」による散歩介助でお花見		ボランティアによる外出介助		月初旬のお天気の良い日	1年

> 短期目標の達成を可能とするサービス内容を選ぶ。現実にあるサービス資源にとらわれず、必要な内容を記入する。
> 例 ・排泄介助
>   昼間トイレ介助
>   夜間巡回のオムツ介助
> ・入浴介助

> サービス内容を適切に行いうるサービス、サービス事業所を選定する。
> 例 ・訪問介護
>   昼間巡回型(身体1)
>   夜間巡回型(身体1夜間)
> ・入浴サービス
>   訪問入浴または施設での通所入浴

1 サービス担当者会議

▶居宅サービス計画原案をもとに、関係者で話し合いを行います

◾ ケアマネジャーは関係者のパイプ役

　認知症高齢者へのケアでは、関係者間の情報共有と連携がケアの質を左右する大きな課題となってきます。この部分を補うべく行うものが、このサービス担当者会議になります。つまり、家族、ヘルパー、ケアスタッフが持っている、本人と本人のケアに関する情報をできる限り関係者間で共有するために、ケアマネジャーがパイプ役を担うことになります。

　また、情報は鮮度が命です。最新の情報をスタッフ間で共有できるよう、日ごろからアセスメントシートなどを有効に利用しましょう。

◾ それぞれのサービス担当者や本人・家族が欲しい情報とは

　限られた時間を有効に使うために、各担当者や本人・家族の欲しい内容が何かをつかんでおきましょう。

①本人・家族

　これから利用するサービスが信用できるか。お金はいくらかかるか、どのような人か、会社か。

②訪問介護事業所

　利用者・家族状況、訪問介護の目的・希望サービス内容、希望の曜日・時間帯・時間数、身体介護、生活援助区分、単位数、作業の内容・方法・用具

③訪問看護

　利用者・家族状況、主治医指示書、医療情報、訪問看護の目的・希望サービス内容、希望曜日・時間帯・時間数、単位数

④訪問入浴

　利用者・家族状況、主治医意見書、医療情報、室内状況、訪問入浴の目的・希望サービス内容、希望曜日・時間帯・時間数、単位数

⑤通所介護

　利用者・家族状況、通所介護の目的・希望サービス内容、希望曜日・時間帯、単位数

⑥医師

　利用者・家族状況、在宅での暮らし方、利用サービス状況

8 居宅サービス計画（ケアプラン）

▶担当者会議の後、ケアプラン原案に修正を加えてつくります

◻ 居宅サービス計画作成までの仕事の流れ

サービス担当者会議の後、居宅サービス計画書を作成します。
以下の流れで進みますが、緊急時には個別援助計画が事業所から送付されてくる前にサービスが開始される場合もあります。

居宅サービス計画原案をサービス担当者会議で検討
⬇
ケアマネジャーはサービス担当者会議で確定したプランをまとめ、
第1表、第2表、第3表、第4表をそれぞれの担当者に送付
⬇
居宅サービス計画に沿ったサービスを提供するため、
各事業所に「個別介護計画」を策定してもらい、集約する

◻ 居宅サービス計画書などの様式と内容

	表　題	内　容
第1表	居宅サービス計画書（1）	●利用者と家族の介護に対する意向 ●介護認定審査会意見等
第2表	居宅サービス計画書（2）	●生活全般の解決すべきニーズ ●上記ニーズに対応した援助目標・援助内容
第3表	週間サービス計画表	●週単位以外のサービスは別掲
第4表	サービス担当者会議の要点	●出席者　●検討項目、検討内容、結論 ●残された課題等
第5表	サービス担当者に対する照会内容	●サービス担当者会議を開催しない理由ないし出席できない理由
第6表	居宅介護支援経過記録	●援助の経過記録を書く
第7表	サービス利用票 （兼居宅サービス計画）	●サービス時間帯、サービス内容 ●サービス事業者名、月間実績記録
第8表	サービス利用票別表	●区分支給限度額管理　●利用者負担計算

9 サービスの実施と経過把握

▶担当者会議後サービスが入り、以後随時経過を把握していきます

1 ❖❖❖ サービスの実施

◘ 関係者の情報からヒントを探ろう

　ケアプランの作成を終えると、いよいよサービスの実施となります。

　認知症高齢者ケアでは、サービス提供スタッフと利用者のかかわりを記録することは非常に重要です。

　そこで、こうした情報を収集するために、ケアマネジャーは日ごろからサービス提供者の言動に注目する必要があります。

　例えば関係者から得た情報をもとに、認知症高齢者の行動障害の原因を探り、より安定し、落ち着いた生活のヒントを探る場合もあるでしょう。こうした作業を行うためには、日ごろから情報を整理して、管理する方法を学ぶ必要があります。

◘ サービス担当者個人とのパイプもしっかりつくろう

　上でも述べたように、サービス提供者との連絡体制を確立することは、その後の認知症高齢者へのよりよいケアプラン作成にあたって、非常に重要となります。

　そこで、サービスの開始当日にはできる限り同席し、サービス提供者個人の名前、専門的な力量、物腰なども把握するようにしましょう。

　例えば訪問介護の場合には、ケアマネジャーが基本的なやり取りを行うのは、事業所のサービス提供責任者となります。サービス担当者会議に出席してくるのも、この責任者である場合が多いでしょう。しかし、認知症高齢者の行動障害についての分析を行う際には、実際に援助に入っているヘルパー個人の意見が非常に重要です。よって、ケアマネジャーとしては、サービスを担うヘルパー自身とコンタクトを取る必要があります。そのために、事業所の責任者である提供責任者とのパイプ（次ページ図①、②）と同様に、サービス担当者個人とのパイプ（同図③）もしっかりつくっておきましょう。

　サービス担当者の中でも、とりわけ登録型のホームヘルパーの中には、実際に何かあった時に、どこに報告をすべきかわからないという意見も多くあります。また、自分の所属する事業所に話をしても解決してもらえず、悩んでいるという声も多く寄せられています。こうした場合、ヘルパーが悩みを抱え込むのではなく、広くチ

ーム全体でこの問題を受け止め、サービス担当者会議の場などを経て、改善方法を考えていくことが重要です。結果的に、そうした努力の積み重ねが利用者への質の高いサービスへと結びついていくのです。

　そのためには、まずサービスの担い手であるチームメンバー1人ひとりの悩みや困難をケアマネジャーが受け止めることができるよう、それぞれの意見・情報が集まる仕掛けを整え、いざという時にはメンバーに呼びかけて会議の開催などを提案できるようなシステムづくりが重要です。

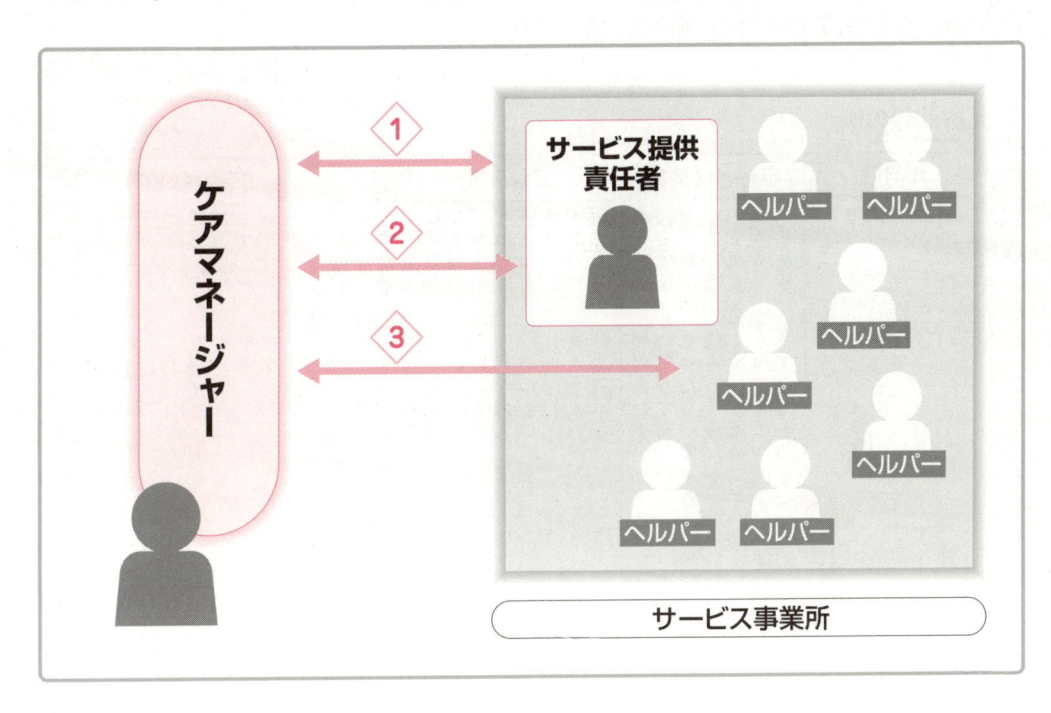

2　情報処理

　給付管理だけでなく、日々ケアマネジャーが扱う情報もパソコンを利用して管理すると、よりスムーズに業務が行えます。

　ケアマネジャーが管理すべき情報とは、大きく次の3つに分けられます。
- サービスの実績（回数、頻度、量）
- 各種サービスからの報告、利用者からの報告（質）
- 各種社会資源情報

　具体的に法令では、居宅介護支援経過記録（第6表）の整備がうたわれています。早急に帳票形式を整え、関係者からの情報など多くの情報を適切に記録として残すことを心がけましょう。

第6表の記入に際しては、ただ漠然と文章を書きつづるだけでは、読む側にも、記録の意図が伝わりにくいことが多いので注意が必要です。事実は何で、それについて自分がどうアセスメントして、そのアセスメントに従ってどのように対応したのかが明確になっているようにしましょう。事実と、自分の解釈と、その後の対応を分けて記録する習慣をつけることが大切です。

このような形式で記録を残せば、第三者が記録を見た時に、ケアマネジャーがどのような情報にもとづいてどのような判断を行い、どのような対応を行ったのかが明らかになり、業務の評価が適切に行えます。

◆支援記録の例

年月日	データ（情報）	アセスメント（判断）	プラン（対応）
12月23日	ミニデイでのクリスマスが楽しかったと話される。表情が明るい。	デイサービスでなじみの関係ができつつあり、本人にとって心地よいひと時となっている様子が伺える。	継続してミニデイを利用できるよう対応していく。
12月28日	本人：険しい顔で何度も玄関の前を行ったりきたりなさっている。家族：商売のため、家にいる時間が少なくなっている。	師走になり、家族も忙しく本人への対応が思うように行えていない。そのため、本人にも不安な時間が多くなっているのではないか。	ミニデイスタッフに、年末の単発利用を打診。

- データに対してどう判断しプランにしたかのプロセスが大事！
- ダラダラと書き連ねない
- 次に生かさなければ意味がない
- 大事なことは積み重ね！

◘ 個人情報保護のためにも情報の整理をしておこう

平成17年4月に施行された個人情報保護法により、ケアマネジャーも自分の担当する利用者・家族・関係者のデータを、これまで以上に慎重に取り扱うように義務づけられました。

具体的には、まず、どのような情報を、どのような目的で利用するのかを明示し、あらかじめ利用者に同意を得ることとし、決して目的以外で利用してはいけません。また、取得する情報は正確に記述することや、保有する情報は、決して外部に漏れることのないように厳重に取り扱うことなどが決められています。

また、この情報の中には、一般に台帳などに記載されている名前・性別・住所などの基本情報の他に、ケアマネジャーの判断・対応の記録なども含まれており、情報開示の請求があった場合にはこうした記録類についても速やかに提示することが定められています。これらをスムーズに行うためにも、日ごろから情報を整理し、必要で正確な情報を残しておくことが大切です。

10 モニタリング

▶ケアプランが適切に実施されているかチェックします

1 ❖❖❖ モニタリングの基準

　認知症高齢者へのサービスのモニタリングでは、ニーズを満たすために選択されたサービスが適切だったか、また、当初立てた目標を達成したかどうかが大きなポイントになります。

　モニタリングの結果、必要があればケアプランを修正したり、新しく作成します。

チェック①　各サービスは利用者にとって適切だったか
- 利用者に受け入れられるサービス内容が適切に展開されているか
- スタッフは認知症高齢者ケアについての技術を持っているか
- 当初立てた目標を達成しているか

チェック②　利用者の生活に無理が生じていないか
- 利用者を不安にさせていないか
- 利用者を混乱させていないか

チェック③　利用者はサービスを利用して満足しているか、家族はどうか
- サービスを利用することで、利用者の生活のリズムが整ったか
- サービスを利用することで、表情が豊かになったか
- 家族の介護負担は軽減したか

チェック④　新たなニーズが発生していないか
- ケアプラン作成時にはケアマネジャー、家族、本人が気付いていなかったニーズが新たに生じていないか
- また新たに要望が出ていないか

◻ 適切でない場合の対応方法

　認知症高齢者へのサービス提供に際して、適切ではない例が多数報告されています。以下訪問介護の例を見てみましょう（国民健康保険団体連合会苦情データより）。

①援助内容：昼食介助
「認知症高齢者の利用者が昼食を拒否した場合、本人の意思だからといって、そのまま何も食べさせずに帰宅してしまった」
　→　援助技術の見直しが必要

②援助内容：買い物、洗濯
「認知症高齢者がごみ箱をひっくり返してごみを破る行為を続けていたが、ヘルパーはそうした行為を見て見ぬふりをして援助内容の買い物と洗濯を黙々と行い、帰宅してしまった」
　→　援助内容の見直しが必要。買い物と洗濯のみでよいのか？

③援助内容：排泄、全身清拭
「30分早く帰ってしまい、偶然来訪した家族がその事実に気がついた」
　→　事業所に事実確認。訪問介護員の変更も視野に入れて検討

適切でない事例が発生した場合の対応方法をまとめると次のようになります。

- サービス提供責任者に連絡して事実の確認と指導を依頼する
- ケアプランの見直し、個別援助計画の見直しを行う
- 対応が直らない時は、担当ヘルパーの変更を依頼する
- それでもだめな時は、利用者と相談して事業者を変更する

サービス利用を避ける家族に対処するには

　本当はデイサービスへの通所や、訪問介護による援助などのケアが必要であるにもかかわらず、家族が「みんなに迷惑をかけるから」などと遠慮したり他人の目を気にしたりして、福祉用具など人とかかわりを持たないサービスのみを利用し、他者との関係を閉ざし、閉じこもった生活を送っている場合があります。
　こうした場合には、焦らず、しかし目標を定め、サービスを利用するメリットなどを繰り返し伝えましょう。
　そして、例えば、介護者が疲労により体調を崩した時などをきっかけに、適切なサービスをつなげていくようにします。
　ですから、たとえすぐにサービス利用に結びつかない場合でも、課題となっている点を常に押さえながら、定期的に訪問を行い、本人・家族状況、そして時期を見定め、適切な時期に介入をしていくという継続したかかわりが重要です。
　生活の主体は、利用者本人です。あくまでも、利用者・家族の心の流れ、時間の流れに沿うことが必要です。

2 ケアプランの限界を自覚しておこう

　完璧なケアプランなど、決してつくることはできないことを知っておきましょう。特に認知症高齢者については、「最も適切なケアは何か」に対する答えなどありえないことを自覚することも大切です。

　大切なのは、相手が何を求め、望んでいるのかを知ろうとすることであり、その作業を続けようとすることです。そして、それに対して自分の立てたプランが果たして正しいものであるか、「これが適切なプランといえるか」と、常に自分自身に対して問いかけを続けることだと思います。

　経験とともに、自分自身の力を過信し、相手のニーズに対して「おそらくこんなものであろう」と予測をつけ始めた瞬間に、援助者としての力量は急速に失われていきます。特に、自分自身が求めること、望んでいることを言葉に表すことの得意でない相手に対する援助においては、なおさらでしょう。

　常に相手からさまざまな形で送られるメッセージを受け止め、また利用者にとって一番身近でサービスを提供するスタッフの意見に耳を傾け、改善点があれば、すぐに対応していく。その姿勢がモニタリングそのものであり、これが援助者として最低限果たすべき役割ではないでしょうか。

3 新しい制度を上手に利用しよう

　基本的に認知症高齢者にとっては、生活の継続性を維持し、可能な限り在宅で暮らせることが望ましいように思います。しかし、認知症の進行などで在宅生活が危うくなる可能性がある場合には、再度在宅生活の方針を見直すとともに、生活の場を再検討することも大切です。

　最近では、生活の継続性を維持するための新しい介護サービス体系が提案されてきています。例えば在宅で365日、24時間安心を提供する切れ目のない在宅サービスを提供することを目指す小規模多機能サービス、認知症高齢者を支える新たな施設の展開などです（144ページ参照）。

　2005年現在、施設整備はまだ行き届いているとはいえませんが、それでも認知症の方の居場所としては、グループホーム、老人保健施設、ユニットケアが導入される特別養護老人ホームなど、いくつかの施設が考えられるようになっています。

　その人にとってやすらぎの得られる居場所が見つかるよう、よりよい選択ができるようにします。施設への申し込み方法などは地域内の在宅介護支援センター（改正後は地域包括支援センター）、または介護保険担当窓口に問い合わせてください。

資料　ICFを活用した認知症高齢者のアセスメント

1 アセスメントにICFの視点

　ケアマネジメントの技法について述べてきたこの章の終わりに、よりよいアセスメントを行うためのアセスメントシートをご紹介します（東京都調布市・自立支援のケアプランのあり方研究会作成、一部改訂）。

　本アセスメントシートは、利用者のニーズを把握するための情報の見方、整理のしかたに、国際生活機能分類（以下「ICF」という）の考え方を活用することに特徴があります。

　認知症高齢者の持っている力、強さ、そして弱さをも適切に把握し、どのように彼らの持っている力を引き出せばよいのか、また、逆に何をどのようにサポートすればよいのかということを、このシートを記入することにより、援助者自身が気づくことができるようになっています。

　認知症高齢者へのケアプランを立てるためにアセスメントする内容は、まず移動・食事などのADL、そして調理や掃除などのIADLの活動面です。

　本アセスメントでは、ADLとIADLについて、本人が実際に行っている「している活動」と、本人の持つ「潜在的な力」という視点によって評価します。

「実行状況」
- 評価の方法はICFでは評価点（0〜4、8、9）で表します。しかし、本アセスメントでは1つの活動の実行状況についての評価を、身体機能面、精神機能面および社会環境面に分けて、それぞれ肯定的側面（プラス面もしくはストレングス面）と否定的側面から行います。ただし、評価は、評価点を用いず文章表現とします。

「能力」
- いっぽう、能力の評価については、「一般的な環境」における、当事者の本来持つ能力を表し、評価は同じく文章表現とします。「一般的な環境」とは、ある程度環境の整った場のことをさします。
- 当事者の「している活動」への評価と、当事者が潜在的に本来であれば持っているはずである能力への評価を比較して、そのギャップをサービスや援助で補うことにより、当事者の生活機能を向上させ、当事者のよりよい生活を実現していくこととなります。

2 アセスメントの構成

　本アセスメントは「基本情報シート」と「アセスメントシート」から構成されています。

「基本情報シート」
　家庭を初めとする当事者の周りの環境状況と、身体状況と精神状況の実際状況を明らかにします。これはあくまでも客観的データのみとし、評価は行いません。

「アセスメントシート」
　当事者が希望する状態（目標）に対して、ADLやIADLの活動の実行状況を身体機能面、精神心理面や社会環境面から多面的に把握（評価）して、実際に持っている能力の評価と、現在行っている状況とを比較し、目標を達成するための方法を導き出すという一連の流れを明確にします。このことによって、居宅サービス計画書の第1表から第3表を作成する準備ができます。

　「基本情報シート」では現在の状態（実行状況）を評価せずに情報をそのまま記載するのに対して、「アセスメントシート」では現在の状況の評価を行います。
　例えば、介護者が高齢であるという事実を「基本情報シート」の介護者の状況にそのまま記載します。この現在の状況が「アセスメントシート」では、それぞれの活動において評価されます。
　つまり、排泄が自立できていない利用者であれば、90ページの「B-3 社会環境面」の-（マイナス）において、「介護者が高齢による体力の低下により排泄介助ができない」と評価されることになります。

3 「基本情報シート」への記入方法

制度状況

　「障害名およびサービス利用状況」は、障害者手帳に記載された障害名と障害サービスの利用状況を記入します。

家族構成

　同居家族について記載します。特に詳細については、2枚目の「介護者状況」欄に記入します。「家族構成図」は別居の家族状況もわかる範囲で記入します。

緊急連絡先

近隣の身内が望ましいですが、不在の場合は遠方でも本人の状況がわかる人ならば記入しておきます。

生活歴および現況

本人が出生してから現在にいたるまでの状況を記入します。特に最近の生活状況については、詳細に記入します。次の質問例を活用されるとよいでしょう。これはデンマーク・オークス市にあるカリタスという療養所で使用しているものを参考につくっています。

①あなたは何と呼ばれたいですか？
②どこで生まれましたか？
③家族は？
④今までどこに住んでいましたか？
⑤前は何をしていましたか？
⑥普通の食事をとりますか？　嫌いなものはありますか？
⑦お茶や麦茶などは好きですか？
⑧コーヒーや紅茶は飲みますか？
⑨お砂糖は入れますか？　ミルクは？
⑩いつ起きますか？
⑪寝るときは布団ですか？　ベッドですか？
⑫何時に寝ますか？
⑬昼寝はしますか？
⑭どのような服装が好きですか？
⑮服で好きな色はありますか？
⑯パーマはかけますか？
⑰髪は染めますか？
⑱口紅やクリームはつけますか？
⑲何が得意でしたか？
⑳音楽は好きですか？
㉑カラオケなどは好きですか？
㉒花が好きですか？
㉓テレビは好きですか？
㉔ドライブや散歩は好きですか？
㉕毎日外に出かけますか？

㉖他の人と一緒にいるのが好きですか？
㉗タバコを吸いますか？
㉘お酒は飲みますか？
㉙日本酒、焼酎、ビール、ワイン、何が好きですか？
㉚普段部屋は暖かいほうが好きですか？
㉛入れ歯は使っていますか？
㉜あなたの家族はだれですか？
㉝あなたのお父さんは何をしていましたか？
㉞あなたのお母さんは何をしていましたか？
㉟あなたの兄弟は？
㊱あなたはいつ結婚しましたか？
㊲子どもはいますか？
㊳配偶者の方はどなたですか？

健康状況・身体状況

「身体状況」欄の人形（ひとがた）には、身体機能（身体の動きを指す）に問題が起こった状態を記入します。例えば、手足の麻痺、筋力低下、関節拘縮、手足の一部切断などです。

医療情報

何カ所か受診している病院がある場合は、できるだけすべてを記入します。「服薬状況」は現在服用している（あるいは処方されている）薬名を記入し、自己管理か家族管理かなどを記載します。服薬不履行については、アセスメントシートに記入します。

精神症状

精神症状について、できるだけ具体的に記載します。認知症については、脳血管性認知症なのか、アルツハイマー型なのか、医師の診断を記入します。また、あわせて行動障害についてもこの欄に記載します。

近隣環境

認知症高齢者の場合、近隣の支援が非常に重要になりますので、近隣との状況、何かあった時の問い合わせ先などを押さえておきます。また、普段出かける範囲などがわかれば、地図を描いておきます。徘徊傾向がある高齢者の場合は、行動パターン（病院・コンビニエンスストア・郵便局・薬局など、行先とコース）を記録し

ておきます。

介護者状況

　介護者の有無、いるとすればその状況を記します。これらは、本人の生活に大きな影響を及ぼすため、非常に重要です。したがって、介護者の生活状況には介護者の仕事や趣味の時間など、介護者をとりまく状況を詳細に記入します。

備考

　これまでの項目に記載できないが、本人の概要を知るうえで必要と思われる事柄について記入しておきます。

4 「アセスメントシート」への記入方法

● 縦軸

活動

　活動とは、人が生きていくのに必要なさまざまな行為のことです。例えば、歩行、整容、入浴などのADL、家事などのIADLの他、余暇活動までも含みます。

ADL、IADL

　「移動」「整容」など、1つの活動ごとにA〜Fの項目を記載します。複数ある場合は、新たに行を起こして記載します。

＋（プラス）と−（マイナス）

　プラスは、本人にとって良い状態、好ましい状態を指します。また、プラスは本人が持っている個人因子と環境因子での強さを指します。
　マイナスは本人にとって良くない、悪い状態を指します。
　同じ内容でも、当事者によって、また状態によってプラスであったり、マイナスであったりします。

コミュニケーション

　コミュニケーションは意思・情報の伝達であり、話す・聞いて理解する・書く・読むなどの活動を通じて行うことを指します。認知症高齢者の場合は特に、実際に行われているコミュニケーションの方法などを記入していきます。
　なお、コミュニケーションの下の空欄にも、必要な項目があれば書き足して下さい。

総合所見

各項目の「F ケアマネジャー所見や判断」に記入した内容を踏まえて、認知症高齢者の自立支援に向けた全体的な方向性（実現の可能性や困難性）、今後の対応のあり方などを総合的・全体的に記載します。

● 横軸

A 本人の希望する状態（する活動・目標）

ここでは、「現在の状態（している活動）」で明らかになっている困難や状態に対して、おそらく、利用者が解決したい（であろう）内容や、改善したい生活のイメージを記入します。

本人が希望する状態とは、本人の尊厳が守られる生活を目指すものでなければなりません。その場合には次の視点が押さえられている必要があります。

- その人らしさが出ているか
- その人の持っている力が発揮できるものか
- 安全や健康の視点で問題がないか
- 安心して心地よく生活できるか
- 継続して地域で生活することを目的としているか

本人の尊厳が守られる状態とは、「活動」もしくは「参加」のレベルにおいて、よりよい状態、向上に向かうものとします。したがって、本人から「活動」もしくは「参加」の向上に向けた力を引き出せることが重要です。

例えば、衣服の着脱ができないとされる利用者の場合、「本人の希望する状態」が、昔はおしゃれで、洋服の組み合わせをコーディネートすることが得意であり、おそらく今もおしゃれな服装をしたいと思っている（であろう）状態であった場合、介護者がすべて洋服を準備し、介助によって着脱させてしまうことが、その人の「活動」や「参加」を向上させるものとなるか、吟味する必要があります。

この場合には、本人の意欲を引き出し、自ら「こうしたい」と思えるよう支援することが大切です。

その結果、「今日はピンクのセーターが着てみたい。どうせなら外に買い物に行ってみようかしら」など、前向きな気持ちへと導くことが重要です。

本人の希望がなかなか表明されず、また、表情やしぐさなどからも読み取ることができない場合には、「E 目標を具体化するための方法」にはその旨記載し、いずれ「活動」「参加」の向上へと結びつくような、長いスパンでのかかわりや見守りを行います。また、必要なサービスを調整していきます。

B 現在の状態（している活動）

この欄では、利用者がどのような生活上の困難を持っているのかについて明らかにします。

個人因子としては「身体機能面」と「精神心理面」から、環境因子としては利用者をとりまく人的・物的な「社会環境面」から明らかにします。

B-1 身体機能面

個人因子としての身体機能の状態を指します。

B-2 精神心理面

個人因子としての精神心理面を指します。心理の現状を把握します。

B-3 社会環境面

環境因子としての社会環境面には、次のようなものがあります。

物的環境……福祉用具・家屋・道路・交通機関の整備状況など

人的環境……家族や介護者の対応の現状や希望

社会的・制度的環境……法制度、行政や各種のサービス（医療・福祉・教育など）。居宅介護支援、介護保険サービスも含まれる

マイナス面には、本人の障害が家族や親族・友人・知人・利害関係者に与える悪影響があてはまります。また、家族の希望もこの欄に記載します。すると、「A 本人の希望する状態」は本人の希望であるので、両者の比較ができるでしょう。

C 本人の潜在的能力（できる活動）

現在、当事者が置かれている環境を「通常の標準的な環境」と見なし、その環境に対する当事者の能力を評価します。

ただし、その環境があまりにも「通常の標準的な環境」とかけ離れている場合は、環境の整備が必要となります。

能力とは当事者が有する残存能力や、潜在能力を指します。

当事者との対話の中で、当事者ができることを十分引き出せるように配慮することが大切です。

当事者本人ができること、する必要があることは「本人の役割」として記載します。

また、こうしたことを本人の意思として、引き出せるようなかかわりも大切です。

D 必要度

サービスの利用が必要であったり、援助が必要であったりする状況を1～3ポイントの数値と「緊」で示します。数値が大きいほど援助が必要であり、「緊」はすぐにとりかかる必要があるものです。援助必要度に対する、「E 目標を具体化する

ための方法」の内容は、援助が必要な順でサービスの導入等を行うものとします。

1ポイント　自立している（問題なし）

　その領域の心身機能が問題なく維持され、生活行為、社会行動が行えている状態です。

　この領域は当面、本人に安心して任せられる状態ですが、月1回の定期訪問では全体を通して観察する必要があります。

2ポイント　ほぼ自立しているが、時に援助が必要

　定期的に援助を受けるほどではない、ただし時には必要という場合です。

3ポイント　援助が必要

　定期的なサービスが必要な状態です。

緊　緊急に対応が必要

　本人がサービスの受け入れをできずに生命の危険がある場合。虐待なども含みます。

E　目標を具体化するための方法（活動・参加）

　実行状況と能力のギャップを埋めることができるようなサービスや援助を検討します。具体的には必要とするサービスや、調整内容などを記入します。

　障害（マイナス面）に対して、いかに生活機能（プラス面）を向上させるかという観点でサービスを選択して導入し、本人や環境を援助・調整するのです。

　このことにより、活動制限（能力障害）や参加制約（社会的不利）を解決し、活動や参加に関して向上させ、本人のエンパワーメントにつながることを目指します。

　例としては、身体機能を向上させるためリハビリテーションを導入したり、活動を向上させるために車いすを利用したり、参加を向上させるためにデイサービスを利用するといった援助内容となります。

　利用者の困難を解決するのに最も適切で効果的なサービス・援助を利用者とともに考えることが大切です。

F　ケアマネジャー所見や判断

　ケアマネジャーが必要と判断しても、利用者がサービスを希望しない場合には、その旨を記載します。

　将来、検討や利用する必要があるサービスも記載します。

基本情報シート１

	フリガナ		性別	生年月日	明治 大正 昭和	年
	氏　名		男・女			

住　所	

制度状況	要介護度および有効期間	要介護（１２３４５）・要支援（　）・非該当 申請中・未申請 （　年　月　日～　年　月　日）	障害者手帳	
	支援事業者		取得年月日	
	被保険者番号		障害名およびサービス利用状況	

	氏　名	性別	年齢	続柄	備　考	
家族構成		男・女				
		男・女				
		男・女				
		男・女				

	氏　名	続柄	年齢	連絡先	住　所
緊急連絡先				自　宅	
				勤務先	
				自　宅	
				勤務先	

		年齢	
	月 日		
電話			

有（　　級）・無・申請中

年　月　日

家族構成図

生活歴および現況

	電　話

基本情報ノート2

健康状況・身体状況	疾病・病歴	身体状況
医療情報	主治医等	受診状況
精神症状	行動異常の有無 1　有　（物忘れ　幻覚　妄想　徘徊　失見当識　失認　異食　攻撃的行動　意欲低下　その他） 専門医受診状況 特記すべき状況	
備考		

	特記すべき身体状況 （行動障害）	社会環境等	住宅状況
			一軒家（　　階建）・ 集合住宅（　　　　階建の　　階） 自己所有 ・ 賃貸　風呂（有・無）
			専用居室（有・無）　エレベーター（有・無）
			収入状況
			年金・給与・貯蓄・家族収入・その他（　　　　　　　） 生活保護（有・無）
	服薬状況	近隣環境	
	2　無		
		介護者状況	介護者の疾病
			介護者の生活状況、介護状況についての特記
			その他（介護技術、介護時間、休息時間、本人との関係性など）

◆ アセスメントシート1　記入例

利用者の希望	「なんだか私はぽーになってしまって。情けないのよ。あなたの名前を覚えられない。へんでしょう。おばかさんでしょう。でもね、こんなだけれど、ずっとここにいたいの。長女も時々きてくれるし。ここで、ずっと多摩川みていたいの」

活動		状況	A 本人の希望する状態 (する活動・目標)	B 現在の状態(している活動)		
				B-1 身体機能面	B-2 精神心理面	B-3 社会環境面 (社会資源など)
ADL	移動	＋	大好きな牛乳は自分で買いにいきたい。			近所の何でも屋さんにいくと、重い荷物はあとで運んでくれるので安心して牛乳が買える。また、がんばってこようという気持ちになる。
		－		膝の痛みがあり、ふらつきが増えている。また、椅子から立ち上がるのがつらい。	膝の痛みから、立ち上がりがしんどい。そのため、つい外出しようという気持ちになれずにいる。	
	整容	＋	・私、紫が似合うでしょ。よく言われるのよ。 ・昔からおしゃれな母でした。いくつになってもおしゃれがしたいのだと思います。(長女)	促しと見守りがあれば自分で衣服の脱ぎ着ができる。	促しがあれば自分の着たい洋服が選べる。	駅前のアーケードのお得意様だった。
		－			一人では衣服の交換を行おうとしない。洋服の脱ぎ着をしようとしない。	
	食事	＋	・その人の食べているものみたらね、その人がわかるのよ、あらほんとだってば。 ・若いころから食事の時間を大切にしていました。(長女)	自分ではしをもつことができる。嚥下機能も問題がない。歯も丈夫。	食べることが好き。	促しがあれば食事の時間に気付き、食べることができる。
		－			弁当箱が認識できず、配食サービスが手つかずのことがある。	

利用者名　　　　　　　　　　様

家族の希望	少しでも母親が母親らしい、生活を送ることができたらいい。最後まで母が自分のそばで暮らせるように、環境を整えたく思う。

	C 本人の潜在的能力 （できる活動）	D 必要度	E 目標を具体化するための方法（活動・参加）	F ケアマネジャー所見や判断
	膝の痛みが軽減され、起き上がりの楽な椅子に変えれば、歩行動作などスムーズに行える。	2	膝の痛みの軽減のため、体重減必要。食生活の見直しを行う。また、立ち上がりの楽な椅子を導入し、活動領域を広げるようにする。	
	見守りと促しがあれば自分で洋服を選び、着替えようとする意欲も出てくる。	3	ヘルパーの見守り、促しによる、衣服の着脱。着替えをして出かける場所の選定。	
	声かけ、見守りがあれば、楽しく食事の時間を過ごすことができる。	2	日中は、ヘルパーによる見守りと食事サービスの利用、また、デイサービスなどでの会食も必要。	

◆ アセスメントシート2　記入例

活動／状況			A 本人の希望する状態 (する活動・目標)	B 現在の状態(している活動)		
				B-1 身体機能面	B-2 精神心理面	B-3 社会環境面 (社会資源など)
A D L	入浴・保清	＋	清潔好きな母でした。(長女)		促しがあれば、ぬれたパンツを脱ごうとする気持ちが強い。	デイサービスで入浴が楽しみ。
		－		一人ではぬれたパンツも替えようとしない。	洋服、下着が汚れていてもそのままでいることが多い。	
	排泄	＋	若いころからきれい好きであった。	トイレまで歩いていける。自分でズボンを上げ下げすることができる。	誰かに声をかけてもらえればトイレにいき、排泄が行える。	トイレのブルーの扉をみると、トイレがあることに気付ける。
		－			尿意がない。	トイレの場所が居室から遠いため、歩いていくまでに時間がかかる。
	(　　)	＋				
		－				
	(　　)	＋				
		－				

利用者名　　　　　　　　様

C 本人の潜在的能力 （できる活動）	D 必要度	E 目標を具体化するための方法（活動・参加）	F ケアマネジャー所見や判断
促し、見守りがあれば、自ら汚れた下着を取り替えることもできるし、また、入りやすい浴槽であれば、入浴も喜んで行う。	3	定時にヘルパーによる促しにてトイレにいくようにする。また、浴室にすのこを設置し、入浴時に浴槽をまたぎやすくし、自宅入浴の習慣をつけていく。	
定期的なトイレ誘導、声かけがあれば、自立にて排泄が行える。ただしトイレの場所が遠いため、夜間はベッドサイドにポータブルトイレが必要な状態。	3	日中は3時間に1度、ヘルパー、近所の方々による見守りと声かけを行う。週2回はデイサービスを利用。	

◆ アセスメントシート3　記入例

活動		状況	A 本人の希望する状態 (する活動・目標)	B 現在の状態 (している活動)		
				B-1 身体機能面	B-2 精神心理面	B-3 社会環境面 (社会資源など)
I A D L	調理	＋	自分で食べるものが作れなくなったら、女は終わりよ。	包丁など器用に使って野菜などをむくことができる。	調理しようという気持ちが強い。	
		－		ずっと台所に立っているのがつらい。	火を消し忘れてしまい、おなべを焦がしてしまう。味噌汁を作るとき、お湯を沸かすこと、具を入れること、味噌を入れること、の順番がわからなくなってしまう。	
	掃除	＋	掃除は嫌いなの。			
		－		膝が痛いので、掃除機をかけるのがつらい。	掃除は苦手。	
	買い物	＋	買い物は大好き。「商店街の洋服屋さんは結構いいものおいているのよ」	一度外に出ると、杖歩行にて歩くことができる。	ウインドーショッピングが好き。	平たんな道であれば30分くらい歩行可能。
		－		膝の痛みが出てから外出もなかなかできずにいる。		
	金銭管理	＋				
		－				

利用者名　　　　　　　　　様

	C 本人の潜在的能力 （できる活動）	D 必要度	E 目標を具体化するための方法（活動・参加）	F ケアマネジャー所見や判断
	適切な声かけなどのサポートがあれば十分調理することができる。	3	週3回は配食サービスの利用。 週3回はヘルパーによる援助により、自分で調理を行っていく。	
	できる部分のみ本人に行ってもらう。	3	ヘルパーの利用。	
	膝への負担がないように配慮して、外出の機会をつくる。ウインドーショッピング。徐々に、杖歩行。	3	なじみのボランティアとの関係を生かし、この部分については、ボランティアに依頼。	

◆アセスメントシート4　記入例

状況＼活動			A 本人の希望する状態 (する活動・目標)	B 現在の状態(している活動)		
				B-1 身体機能面	B-2 精神心理面	B-3 社会環境面 (社会資源など)
IADL	服薬	＋	「いつも飲んでいるから大丈夫よ」というが、実際には飲めていない。長女は、定時の服薬を希望している。	薬を渡されると飲むことができる。		
		－			一人では服薬することを忘れてしまう。	長女も多忙のため、1日3回の服薬の管理が困難。
	コミュニケーション	＋	私は人と話をするのが大好きなのよ。		人懐こい性格のため、誰とでも話ができる。	近隣の友人たちが頻回に本人を訪問し、話しかけている。
		－				訪問販売員ともすぐに親しくなり、高価なものを購入してしまう。
		＋				
		－				

総合所見

全体として、声かけ、見守りがあれば、かなりの日常生活の行為を自分で行えるご本人である。特に、排泄、保清、食事の部分について、訪問介護、通所介護を利用しながら、適切な状態が保てるようサポートしたい。また、本人の楽しみである、ウインドーショッピングについては、長年かかわっているなじみの関係であるボランティアさんに依頼して、生活の中でのメリハリをつ

利用者名　　　　　　　　　　　様

	C 本人の潜在的能力 （できる活動）	D 必要度	E 目標を具体化するための方法（活動・参加）	F ケアマネジャー所見や判断
	適切な管理のもとであれば自力にて服薬可能。	3	長女が服薬管理できるように、1日3回の服薬の回数をドクターに相談。できれば朝1回で可能となるように調整する。	
	本人にとって望ましい環境の中であれば、コミュニケーションはある程度スムーズに行うことができる。	2	訪問販売員については、近隣の方たちの協力を得てできる限り本人と接触の機会を作らないようにする。また、クーリングオフの手続き法を長女と確認しておく。	

けていただくこととしたい。さらに、高血圧、アルツハイマー型認知症など、疾患面でのフォローが必要であるため、訪問看護を導入していきたい。また、長女が本人の今後の病状の変化に大きな不安を抱えているため、訪問看護師にはこうした長女の不安も伝え、長女へのサポートもあわせて依頼することとしたい。

アセスメントシート1

利用者の希望	

活動 \ 状況			A 本人の希望する状態 （する活動・目標）	B 現在の状態（している活動)		
				B-1 身体機能面	B-2 精神心理面	B-3 社会環境面 （社会資源など）
ADL	移動	＋				
		－				
	整容	＋				
		－				
	食事	＋				
		－				

利用者名　　　　　　　　　　　様

家族の希望	

	C 本人の潜在的能力 （できる活動）	D 必要度	E 目標を具体化するための方法（活動・参加）	F ケアマネジャー所見や判断

アセスメントシート2

活動 / 状況			A 本人の希望する状態 （する活動・目標）	B 現在の状態（している活動）			
				B-1 身体機能面	B-2 精神心理面	B-3 社会環境面 （社会資源など）	
A D L	入浴・保清	＋					
		－					
	排泄	＋					
		－					
	（　）	＋					
		－					
	（　）	＋					
		－					

利用者名　　　　　　　　　様

C 本人の潜在的能力 （できる活動）	D 必要度	E 目標を具体化するための 方法（活動・参加）	F ケアマネジャー 所見や判断

アセスメントシート3

活動 \ 状況			A 本人の希望する状態 (する活動・目標)	B 現在の状態(している活動)		
				B-1 身体機能面	B-2 精神心理面	B-3 社会環境面 (社会資源など)
IADL	調理	＋				
		−				
	掃除	＋				
		−				
	買い物	＋				
		−				
	金銭管理	＋				
		−				

利用者名　　　　　　　　　様

	C 本人の潜在的能力 （できる活動）	D 必要度	E 目標を具体化するための 方法（活動・参加）	F ケアマネジャー 所見や判断

アセスメントシート4

活動 \ 状況			A 本人の希望する状態 (する活動・目標)	B 現在の状態 (している活動)			
				B-1 身体機能面	B-2 精神心理面	B-3 社会環境面 (社会資源など)	
I A D L	服薬	＋					
		－					
コミュニケーション		＋					
		－					
		＋					
		－					

総合所見

利用者名　　　　　　　　　　　　様

	C 本人の潜在的能力 （できる活動）	D 必要度	E 目標を具体化するための 方法（活動・参加）	F ケアマネジャー 所見や判断

認知症コーディネーター
認知症ケアの専門技術を共有するシステム

　認知症高齢者に対するケアの体制は非常に不十分な状況にあります。認知症に関する理解が乏しく、力量の不足したケアマネジャー、ケアスタッフが担当することになった場合、利用者が不幸であると同時にケアする側も禍根を残す仕事となってしまい、まったく良いことはありません。しかし残念ながら、そうしたケースが多いのが現状でしょう。

　もちろん、認知症に関する知識があり、技術もきちんと備えたケアマネジャー、ケアスタッフが皆無であるわけではありません。研修体制の強化はいうまでもなく緊急の課題ですが、せっかくのこれらの優秀な人材を有効に活用できる手立てはないものでしょうか。

　デンマークで取り入れているのは、その参考になる合理的なシステムです。

　オーフス市では、認知症高齢者ケアのコーディネーターが指定のエリアごとに置かれています。

　これらのコーディネーターは一般の福祉サービスエリアとは異なり、いくつかの福祉エリアをまたがり、広域で活躍をしています。

　コーディネーターの仕事は多岐にわたりますが、認知症高齢者へのサポートのほかに、専門職へのスーパーバイズ、地域に必要な新たな社会資源の開拓、プログラム開発・運営など、認知症ケアにかかわるさまざまな活動を担っています。一般の福祉サービスエリアが、高度な専門技術を必要とするこうしたスタッフを抱えることは、人材、経費、技術の蓄積などさまざまな面において難しい課題となるかもしれません。しかし、ある程度の広域エリアであれば、それも可能になるのではないでしょうか。

（土屋典子）

第 3 章

認知症の基礎知識

春日武彦

認知症の医学的特徴 ▶ 106ページ
生活場面で見られる精神症状や行動障害 ▶ 111ページ
認知症の疑いが生じたら ▶ 114ページ

1 認知症の医学的特徴

▶「治らない」イコール「絶望的」ではありません

1 ◆◆◆ 認知症の定義

◻ 治らない病

　認知症については、医学的な定義をきちんと把握しておく必要があります。定義はごく簡単なものです。すなわち、「いったん獲得された知能が、脳の器質的な障害によって不可逆的に損なわれた状態」というものです。

　この内容を少々詳しく検討してみましょう。

　まず「いったん獲得された知能」という部分。以前はもっと記憶力や理解力や判断力や思考力がしっかりしていたのに、認知症によって知的能力が大きく損なわれてしまった。落差があるからこそ家族は無念に思ったり、悲しんだり困惑するわけです。「こんな人ではなかったのに！」と嘆くわけです。家族の辛さが、この箇所に反映しているのです。

　次に「脳の器質的な障害によって」という部分。簡単に言えば、脳が萎縮したり部分的に損壊されることによって認知症は起こります。したがって、頭部のＣＴスキャンをはじめとする画像診断や、脳血流量測定などによって客観的な診断がつきます（ちなみに、統合失調症やうつ病などでは、画像による所見や、あるいは遺体の脳を解剖しても特徴的な変化は認められておらず、診断は精神症状から推し量るしかありません）。

　次に「不可逆的に損なわれた」という部分。つまり認知症は治りません（もしも認知症が治ったら、それは単なる誤診であったに過ぎません）。ただし「治る」という言葉のニュアンスが曲者なのです。

　先ほど、脳の萎縮（主にアルツハイマーの場合）や部分的な損壊（主に脳出血や梗塞に由来する）——つまり脳の器質的な障害で認知症は生じると述べました。脳神経はいったん損なわれると再生しませんから、そういった意味で「認知症は治らない」。家族の中には、知的能力が落ちてしまったのなら、また知能を獲得させればよいではないかといった発想をして、認知症老人に小学生用の算数ドリルを与え

たり、パズルをさせたりして叱咤激励しているケースが散見されます。しかしそれは無駄です。意味がありません。いい歳をして小学校の勉強をさせられるなんて、認知症老人にとって可哀相です。まあ家族としては、かつては達者だった老人の認知症状態を受け入れられないからこそ勉強をさせたがるのでしょうが、それが原因となって老人が苛立ちを募らせたり落ち着かなくなることは珍しくありません。

◻ 進行を抑える工夫はできる

では「治らない」イコール「絶望的」といった悲観論となるかといえば、決してそんなことはない。同じ程度に知能が低下してしまっていても、不安焦燥や衝動性が前景に出たり、不穏や徘徊、不眠や被害妄想が目立つ年寄りもいれば、周囲の手助けを得つつ和やかに生活を営む年寄りもいるわけで、前者を後者へと変えることは可能なのです。そういった意味で積極的な治療やケアが成立するし、認知症の進行を抑える工夫もなされます。さらに、合併症を防ぐ必要も出てきます。確かに認知症は治らないけれども、それが「いまさら何をしても無駄」「現状を改善することは不可能」といった結論にはならないのです。

なお、例えば老人のうつ病は、動作が緩慢になって返事もろくにしなくなり、いかにも認知症となってしまったように映ることがあります（仮性認知症と呼ばれます）。安定剤や眠剤による副作用で意識レベルが軽く低下したり、甲状腺の機能低下症、慢性硬膜下血腫、パーキンソン病などでも「認知症もどき」を呈することがあります。ただしこれらは、もともとの病気の治療をすれば認知症様の症状が改善します。認知症と診断する前には、相応の検査（除外診断）が必要となるわけです。

2 ◆◆◆ 認知症には、どのような種類があるか

ひとくちに認知症と言っても、さまざまな種類があります。大雑把には、認知症全体のうちアルツハイマー病が5割、脳血管性認知症（まだら認知症）が2割、両者の混合が2割、その他のタイプが1割といったところでしょうか。

あまり厳密にタイプを分類することは必ずしも容易ではありませんし、臨床的に大きな意味を持つとは限りません。ただし、少なくとも典型的なアルツハイマー病と典型的な脳血管性認知症とではかなり症状に違いがありますし、したがって対応法にも差が出てきます。ある程度は「典型例」がどんなものかを知っておくべきでしょう。

(1) アルツハイマー病

確定診断

確定診断は、実は脳を解剖して病理学的所見を確認しなければなりません（つまり患者さんが生きている間は、本当の確定診断はできない）。脳全体にアミロイドβ蛋白という異常物質が沈着し、神経原繊維変化がみられるのですが、臨床的には大脳の広範な萎縮を頭部CTやMRIで確認することで診断をつけています。

原因

一部には遺伝性のタイプが知られていますが、アルツハイマー病の原因はいまだにわかっていません。したがって予防法もありません（指回し運動や楽器演奏、充実した生活、ストレスのない毎日が必ずしも発病を防ぐわけでもないようです）。ただし軽い時期の進行を抑えるために、アリセプト®の投与がある程度効果的といわれています。

患者数

アルツハイマー病は女性に多いとされていますが、これは高齢ほどこの病気の比率が高くなることに加えて、女性のほうが寿命が長いことが関係しているからかもしれません。また絶対数でもアルツハイマー病は増加傾向にありますが、これは平均寿命の伸びに加えて、欧米型の生活が関係しているからだと推測されています。

経過

症状の経過は比較的ゆっくりで、またパターンがほぼ決まっています。以下のように3期に分けられます。

【第1期】

　やはり物忘れから気づかれることが多いようです。相手の顔がわかっても名前がなかなか思い出せなくてもどかしい、といった経験は我々でも珍しくありませんが、その「もどかしさ」がなくて妙に平然としていたり、何年も前に退職しているのに会社へ出勤しようとして、そのこと自体に何の疑問も抱かないといった具合に、どこか本質的な部分が抜け落ちてしまったような違和感を伴いがちです。微妙に人柄が変わったように感じられたり、当たり前のことができなくなったり、生活全般にどこか不調和な感じが目立ってきます。

　物忘れについては、忘れたことそのものが自覚できなくなったり、料理をしている間につくり方がわからなくなったりするといった傾向が認められます。新しいことは記憶できなくなり、しかし昔のことは覚えている。そのために過去と現在とが入り交じり、時間に関する見当識（季節、年月日、曜日）があいまいとなり、また場所に関する見当識もあやしくなって迷子になりやすくなります。ガス・水道の栓を閉め忘れたり、多くは不安感やうつを伴いつつ自発性が次第に薄れ、生活ぶりはルーズになっていきます。

【第2期】

　物忘れがひどくなってきます。自分の生年月日や子どもの数すら不確かになり、やがて配偶者の顔を見ても誰だかわからないといった状態へ進みます。病院では、自分の病室がわからなくなったり、看護師の区別がつかなくなったりします。トイレの場所がわからずに失禁をしてしまったり、徘徊が目立ったり、衣類の着替えも上手くできなくなり、日常生活は明らかに困難となります。依存的となりがちないっぽう、自分に問題があることを自覚しきれないがために、時には物盗られ妄想や被害妄想が出てきます。

　脳の萎縮が進行して、けいれんや筋固縮などが出現することもあります。

【第3期】

　寝たきり状態になってきます。目の前の人物が誰だかもはや識別不可能となり、自発性は著しく損なわれ、話しかけにも応じなくなってきます。「今現在」を理解できず、食事も自力では摂取が難しくなります。この状態へ至るまでには数年から十数年とかなり個人差があり、また死因は肺炎や誤嚥による窒息などの合併症がほとんどです。

(2) 脳血管性認知症

原因

　その多くは、脳のあちこちに小さな梗塞（動脈硬化などで血液が通わなくなって、脳組織の一部が死んでしまうこと）ができるために生じます。したがって、脳には

正常に保たれている部分と、機能が失われた部分とが混在することになり、それがために「まだら認知症」という別名があるわけです。

経過

　必ずしも脳卒中の発作が先に出るとは限りません。認知症症状が出る前から、頭痛・めまい・記銘力低下、さらには耳鳴りやうつなどが見られがちです。高血圧の人に起きやすく、男女差では男性のほうが多いようです。

症状

　アルツハイマー病では認知症の進行がゆっくりとなだらかですが、脳血管性では段階的に進んでいくことが特徴とされています。
　また病状には動揺が見られ、ひどく調子が良い日があれば悪い日もあるといった調子で、さらに夜にはせん妄（夜間せん妄）が起こりがちです。能力の低下も、例えば見当識が低下しているわりには理解力が案外しっかりしているなどの不均衡が目立ちがちです。
　気難しさや怒りっぽさを示しやすく、介護をうるさがることもしばしばです。健全な部分が少なからず残されているゆえに、能力低下に対する苛立ちが募るからなのでしょう。

投薬

　進行を防ぐために、動脈硬化を予防する薬や脳の血流を改善する薬剤が投与されます。

(3) その他の認知症——ピック病について

　医学的には以上２つの他にさまざまな認知症が分類されていますが、無理にそれらを覚える必要はないと思います。ただし、頻度こそ少ないけれども、ピック病については知っておくべきかもしれません。
　ピック病は発病年齢が若く、40歳代で発病するケースもあります。知能の低下よりも、人格変化がまず目立ちます。ことに、万引きや無銭飲食、住居不法侵入といった反社会的行為を平気で繰り返すようになったり、面接をしても小馬鹿にしたような不真面目な態度をとり、それどころか途中で席を立ってしまうような振る舞いが見られることがあります。こうした困った人格変化を先駆けとして、言語障害や認知症を呈していきます。トラブルをきっかけに発見される場合が多いという意味で、知っておいたほうがよいと思います。

2 生活場面で見られる精神症状や行動障害

▶時には薬剤の力も必要になります

　認知症を分類することは、確かに病気を理解するうえで大切です。しかし実際には分類がはっきりしない場合も多く、またどのタイプの認知症であっても往々にして出現しがちな精神症状や行動障害があります。実際のところ、こうしたものに介護者は振り回され疲労困憊することになります。そのような症状・行動について述べてみましょう。

不眠

　老人は生活にメリハリがつきにくく、つい昼寝をしてしまうことが多いようです。その結果、夜の眠りが浅くなり、さらにトイレへ何度も起きる等が重なって不眠傾向や昼夜逆転を呈します。昼寝や「うたた寝」をさせない、日中に何らかの活動をしてもらって身体的に多少の疲労をしてもらうことが大切です。そういった意味で、デイケアやデイサービスが重要となります。また夜中のトイレについては、あらかじめ時間を決めてトイレ誘導をすることで落ち着くことがあります。

　なお、眠剤については、あまり半減期（薬の血中濃度が半分になるまでの時間）の短いもの（例えばハルシオン®やマイスリー®など）はかえって睡眠のリズムを崩すようです。そういった意味では、精神科や老人専門のドクターに処方してもらうほうが安心です。また肝臓や腎臓の機能低下のために、最初は眠剤がきいていたものの、次第に薬剤が体内へ蓄積して、昼間でもよだれを垂らしてうつらうつらしてしまう、といった事態がみられることもあります。

夜間せん妄

　興奮や幻覚妄想を伴う一種の「寝ぼけ」状態です。夜間には脳血流量が減少するうえに暗いため錯覚を起こしやすく、また老人は眠りが浅くなりがちなために、夜間せん妄を起こすことが珍しくありません。不眠傾向があれば夜間せん妄は危険度が高まりますし、環境の変化（入院や施設入所して最初の数日とか、引越しなど）で頻度が高まります。

　夜しっかり眠れるように適切な眠剤を投与し、さらに幻覚妄想を抑える薬剤（リスパダール®やセレネース®など）、中枢に直接作用してせん妄を抑制するといわれる薬剤（テトラミド®。本来は抗うつ薬であるが）、脳循環改善薬であるグラマリー

ル®などをうまく使うとコントロール可能となります。

興奮・暴力

その背景には、脳が障害されて抑制が利かなくなるといったメカニズムがあるわけですが、①見当識が失われ、さらに自分がまったく無力であるといったことから生ずる不安感、②自分の気持ちをうまく表現できない・わかってもらえない「もどかしさ」、③幻覚妄想や錯覚——こうした要素が関与しているものです。

興奮している相手に真っ正面から近寄ることは避けましょう。正面から迫って行くとそれを「攻撃」と勘違いして、逆に殴られたりしかねません。相手の横に並ぶように回り込み、肩を抱くようにして安心感を与えます。やはり薬剤によるコントロールが必要となりましょうし、また家族の苛立ちや反感はなおさら激昂させます（敵意のある雰囲気とか、緊張した空気といったものに対しては、認知症高齢者は驚くほど敏感に反応するものです）。医療につなげることは、薬剤投与といった実際面の他に、家族に安心感を与え余裕を持ってもらうことで、間接的に本人を落ち着かせるといった効能があるのです。

幻覚・妄想

特にアルツハイマー病では、存在しない人間が家の中にいるといって騒いだり、テレビの中の人物を本物と混同しておびえたりすることがあります。また物盗られ妄想や、被害妄想もしばしば起きます。盗まれたとか意地悪をされているといった妄想の多くは、記銘力の低下や「よるべ」のなさを被害者意識で解釈することから生じます。被害者意識とは、老人の無力感の裏返しです。したがって、介護者が弁解したり怒ったりしても意味がありません。「それは大変！　一緒に捜しましょう」「意地悪されたら辛いですよねえ。私が力になりましょう」などと言うと、たぶん「ふん、何をとぼけて！」と憎まれ口を利きますが、それでもなお黙々と付き合うことで、次第に落ち着いてくるものです。ただし、やはり薬剤の助けは借りるべきです。

徘徊

なぜ徘徊をするのか？　今、自分がいるのは「本来の居場所」ではないと老人が感じているからこそ、徘徊をするのです。「本当の家」「帰るべき場所」がここではないといった違和感や不安感が、老人を徘徊に駆り立てます。ここにいても安心、ここにいても構わないといった安堵感を与える必要があります。

また、夜になって「では帰らせていただきます」などと老人が言うときには、「ではそこまでご一緒しましょう」と付き合い、話でも交わしながら時間を稼ぎ、

「おや、もう遅いですから本日は家にお泊まりください。明日、ちゃんと送って差し上げますから」と提案してみましょう。この場合、老人に嘘をついていると考えてはいけません。本人の妄想に寄り添う形で、安心感を与えるための「演出」であると割り切るべきです。

過食

　小柄な身体にもかかわらず、認知症高齢者は驚くほどの食欲を示すことがあります。空腹だからというよりも、空虚感や不安感を埋めるための行為と考えたほうがよさそうです（我々の「気晴らし喰い」の、もっと切羽詰まった形に近いのでしょう）。

　また食事を終えたばかりなのに「まだ食事をしていない。何も食べさせてもらえない」と言い張ることがありますが、これは記憶の問題に加えて「わたしはちゃんと食事を与えてもらえるのだろうか」という心配が根底にあるからです。したがって、「さっき食べたばかりじゃないの」などと説得しても意味がありません。「はいはい、今用意をしていますからね」とでも答え、台所で音を立ててみたりとりあえず皿を並べてみるといったことで満足します。自分は無視をされていない、ということが本人にわかれば良いのですから。

不潔行為

　とくに弄便などは介護者を困惑させます。本人は、便をもらしてもそれをどう始末して良いのかわからない。苦しまぎれの行為が、かえって便を塗り広げる等の行為につながるようです。叱ったりすると、本人の自尊心を傷つけ、余計に混乱させてしまいます。便の始末については、習慣づけとプライドの尊重とが大切なようです。

3 認知症の疑いが生じたら

▶家族へのフォローが不可欠です

■ まずは専門医の受診を

　認知症の疑いが生じたときに、まず必要なのはそれが本当に認知症なのか否かの確認です。既に記した通り、「認知症もどき」の症状を呈する病気はたくさんあります。もしそのような場合でしたら、元の疾患（うつ病、パーキンソン病、慢性硬膜下血腫など）を治療すれば認知症様の症状も改善するはずです。

　また、本当に認知症なのだとしたら、進行を食い止めるための薬剤投与が必要となりましょうし、認知症に付随するさまざまな行動障害や精神症状について、見立てや服薬が必要となります。社会資源の利用も考えねばならないでしょう。

　したがって、専門医を受診することが必須です。その場合、身体疾患で服用している薬を持参する（副作用の可能性があるため）、生活歴やもともとの人柄などについて話をまとめておく、往々にして認知症高齢者であっても医師の前では妙にしゃんとして振る舞うことがあるので、どんなことが問題なのかをきちんと整理しておくことなどが必要となります。

　認知症であった場合、少なくとも家族に相応の覚悟と知識がなければ、今後の対策も立てられません。さらに、家族の絶望感や混乱、不必要な罪悪感や悲壮感といったものが介護を困難にしますから、本人への対応以上に家族へのフォローが大切となります。

　我々援助者は、家族から「認知症高齢者を抱えた数多くの家庭を見てきた人」として認識されます。必ずしも我々が即効性のある方策や知識を提供できるとは限りません。しかし「似たようなケースを知っていますが、多少時間はかかったものの、案外と丸く収まってしまったものでしたよ」といった経験談が、家族には大きな励ましとなるものです。何しろ家族にとっては、認知症の方を相手にするのは初めてのことなのですから。

　家族の立場からすると、何よりの不安は見通しの立たないことであり、逆に我々はさまざまなケースの顛末（てんまつ）を知っている者として登場していることに留意してください。ケース・バイ・ケースですから、具体策がすぐには立たなくとも絶望する必要がないことを語り、いかに家族へ余裕を持たせるかがポイントとなります。家族が混乱したり感情をコントロールできないうちは、たとえ薬剤を使っても効果は望めないのです。

（春日武彦）

第4章

認知症高齢者を支える制度

長谷憲明

- 認知症高齢者の地域での暮らしとケアマネジャーの役割 ▶ 116ページ
- 認知症高齢者が地域で暮らすための制度 ▶ 121ページ
- 認知症高齢者グループホームの積極的活用 ▶ 125ページ
- 新・介護保険制度への法律改正の方向 ▶ 131ページ
- 新・介護保険制度下の新しいサービス体系 ▶ 137ページ
- 認知症高齢者を保護するための機関・関連法 ▶ 153ページ

1 認知症高齢者の地域での暮らしとケアマネジャーの役割

▶「生きる力」を持続させることが必要です

　認知症高齢者がどのように尊厳を持って暮らし続けられるかは大きな問題です。
　長寿化の負の側面としての「認知症高齢者」の増加（下表）に伴い、社会全体として認知症高齢者と「共に生きる」ことをどのように実現していくかが、昨今の大きな課題となってきました。
　ここでは、認知症高齢者について、地域で暮らす意味を考え、その中での居宅介護支援専門員の役割について考えていきたいと思います。

◆在宅高齢者における性・年齢別の認知症の有病率（平成7年度）

	全体	65～69歳	70～74歳	75～79歳	80～84歳	85歳以上
全体	4.1%	0.7%	2.2%	4.1%	7.7%	19.3%
男性	3.4%	1.1%	2.6%	5.2%	5.3%	11.3%
女性	4.6%	0.3%	1.9%	3.1%	9.3%	22.9%

（東京都福祉局　高齢者の生活実態及び健康に関する調査専門調査報告書より）

1 ▶▶▶ 高齢者にとって、住まいは"自分の城"

　高齢者の住まいは自分の「城」です。「住み慣れた地域」とは、本人から見ると生活が営まれる場であり、「自分の暮らし」を「自ら決定＝自己決定」している場、自分の「自由になる時間・空間」ということになります。
　そこはその方の歴史のすべてが凝縮されている場、ということができます。そこから「転居・住み替える」ことは、しばしば自分のテリトリーの放棄につながります。若い人たちの転居が、生活の改善や質の向上につながるものであるのに対して、病弱になってから転居することは、獲得された「安定状況」から「不安定な状況」への移行を意味し、「不安」をもたらすものとなります。現役世代の転居（暮らしの変更）が、しばしば希望とセットになっているとすれば、高齢者のそれは「不安とセット」になっているといえます。

生活の延長の場といわれているグループホームへの入所当初に、家に帰ると言い出すなどの混乱がしばしば指摘されますが、それは長い時間をかけて築いてきた「自分の城」の明け渡しだからです。自分の価値観・行動様式、外部環境との関係などというものが、他に移ることによって「崩壊」していきます。

　病弱の高齢者にとって、転居とは「自由な自分の城」から、他者の価値観が支配する地域への「移行」を意味します。それはしばしば混乱を引き起こし、アイデンティティの崩壊へつながることを知っておくべきだろうと思います。

2 判断能力と意思能力

　認知症高齢者は、物事を時間的・空間的に整理してまとめる力が相対的に失われています。しかし、認知症になると、判断力も意思の力も感情も、何もかもすべて失われるかのように思われることがありますが、これは誤解です。喜怒哀楽、嗜好、意思までも失われるわけではありません。まとめる力は失われ、また感情の表出等が不得手になったとしても、生きている中で感じる「感覚」は残っている、と考えて対応することが必要です。

3 リロケーションダメージが「生きる力」を奪っていく

　住まいを変えることによる混乱について、京都大学の故・外山義教授は「リロケーションダメージ」と呼びました。

　私は、福祉事務所のケースワーカーをしていた30年くらい前に、入院・転院が重なることによって亡くなる高齢者に何回か直面したことがあります。しかしその当時、経験として転院等の環境の変化が高齢者にダメージを与えているらしいことには気づいていても、それがなぜなのかまでは思いいたりませんでした。

　あるとき、妻が「寝たきりの夫」の看病をしていた高齢者夫婦世帯で、ヘルパー派遣や妻の看病では限界に達し、といって特別養護老人ホームへの入所は待機者が多く、すぐには困難なために、いわゆる「老人病院」への（社会的）入院が課題となりました。

　妻と家族は入院を求め、本人が拒むという状態がしばらく続きました。
「まじめな」ケースワーカーは、その家に通い詰め、夫である高齢者を説得し、老人病院入院の同意を取り付けました。満足感・達成感にあふれ、寝台車を手配し老人宅へ向かいました。

　担架に乗せられ、寝台車に移る時、寝たきりの老人は寝たまま突然両足を90度に上げて、寝台が中に入らないようにしました。乗せるのを止めると足を下ろします。

再び乗せようとすると両足を90度上げます。それが何回か繰り返されました。
　いったいどこにそんな力が残っていたのでしょう。何か非常に悪いことをしている感情に支配されました。しかし、それでも寝台車の前で身体を起こして座らせると、周囲をゆっくり眺めました。見納めです。
　家は借家でしたが、住み慣れた自分の家を見つめ、そして自分の家の周りをゆっくりと見回し、しばらくして黙って寝台車に乗りました。
　老人は、病院に入ったら再び戻って来られないことを知っていました。どんなに荒れ果てていても、自分の家では自分が主人公です。どんなに清潔であっても病院に入れば患者です。大きな喪失感に陥り、入院を拒否し、そして「何か」をあきらめ、もしかしたらそれは「生きる力」かもしれませんが、入院していきました。その老人が再び家に戻ることはありませんでした。

　リロケーションダメージとは、転居による「自分の城の明け渡し」です。それは、長い時間をかけて築いてきた価値観の崩壊からくる「生きる力」の喪失を意味するのではないでしょうか。
　高齢者は適応力が落ちてきます。そのような中での「転居」は、単なる住まいの変更にとどまらず、自立心・生きる力を直撃します。
　介護保険制度の見直しの中で、質の改善の視点と財政的見地から「施設」から「在宅」へのシフトが進んでいます。それは全体の方向性としては正しいでしょう。しかし、例えばグループホームに入居することが、即「生活の継続」「在宅の継続」である、といった短絡的な考え方で、高齢者の支援が行われるとすれば、それは間違いです。
　中には、グループホーム入居当初の混乱状態からどれだけ落ち着いたかを、グループホームの効果と喧伝（けんでん）する向きもありますが、リロケーションダメージについて

の無理解か、子どものような「無意識の悪意」すら感じます。自分の城を明け渡して混乱しているのは当然であり、それが落ち着いたとしても、それは以前の状態に戻っただけで、生活の改善とは限りません。先の入院の例でもわかるように「生きる力」を失った「あきらめ」の結果かもしれません。

4 地域における受け入れ・支え合い

◘ 地域で見守る"関係"をどうつくるか

在宅で暮らすためには、公的サービスのみではとても足りません。公的サービスは、いわばピンポイントサービスです。生活全体の見守り、危険に対するアドバイス、食事の介助など、人によりニーズは異なりますが、これらの公的（フォーマル）なサービスではカバーしきれない部分を補ってくれる家族や友人、地域の有形無形の支援（インフォーマルなサポート）が必要です。

また、その地域と認知症高齢者の日ごろの関係が重要です。神戸の震災で倒壊した家から助けを呼ぶ声がしたとき、知り合いを優先したという話を聞くことがあります。これは究極の選択を強いられた結果ですが、認知症高齢者も地域との関係が密接であればあるほど、助けたり見守ってくれる目も多くなります。

また、ある地域では、住み続けた高齢者が認知症となり、徘徊が始まったとき、「歳をとればしょうがない。誰にもあること」と徘徊を受け入れました。その結果、その人は倒れるまで地域の中を歩き回り、皆と話をしながら暮らすことができました。そうなれるかどうかは、地域の人々がどのような関係をつくるかによりますが、都市部と地方では人間関係の濃淡が異なります。

また、新興住宅地の住民と伝統的地域の住民のギャップも指摘されているところです。

伝統的地域の住民の多くは、地域の中で互いに差し向かいの関係であるとともに、町内会・老人会・婦人会など、「地域全体」という感覚での旧来型組織で組織化されています。

それに対して、新興住宅地の住民の多くは、勤務先など生活の場の中心が地域外にあり、同好の士による市民運動型感覚を持つ傾向が強いと指摘されています。その結果、具体的活動における両者の協力関係が、自然発生的には生じにくい現状があります。

◘ 市(区)町村による住民自治の支援が求められる

少子高齢化が進行し、社会保障制度の総需要の伸びを抑制することが課題となっている現在、必要となる福祉資源の創造や有効活用が重要となっています。

平成18年度の介護保険の見直し・実施に際しては、地方分権の考え方が一層進み、市(区)町村の役割、地域の暮らしをつくる「企画力」に負うところが大きくなってきます。その結果、今後も市(区)町村格差が一層大きくなることが予想されます。

　そして、地域の人々からの支援が受けられる地域とそうでない地域では「暮らしやすさ」や「福祉コスト」に差が出てきます。地域でどのように暮らせるか、いいかえると地域をどうつくるのか、誰がつくるのかが大きな問題です。

　公的サービス全体が抑制傾向にあり、自治体の財政状況から、市(区)町村が単独事業を実施できる環境が乏しい中では、旧来型の行政主導のサービス（それはしばしば国の補助金を基礎として組み立てられ、地方独自の創意工夫に乏しい場合が多い）では地域の福祉需要への対応が不十分となります。

　しかし、住民自らが主体的に地域を設計するという伝統がほとんどない現状では、また、政策づくりにおいて自治体と住民の間に良好な関係が形成されていない現状においては、とりあえずは市(区)町村による取り組みが期待されます。

　具体的には、施策全体の見直しを実施し、不要不急な事業を緊急性の高い事業に組み替えるとともに、住民が地域の主役として「行政に依存」するのではなく「主体的に活動」できるよう支援の仕組みをつくることです。

　施策の見直しは既得権の侵害にもなり、住民との新しいかかわり方の構築には創造力・企画力そして強力な実行力が必要になります。極めて困難ですが、しかし取り組まなければならないことと思われます。

　市(区)町村の役割は、2000年4月の介護保険制度の施行を契機に、（少ない）サービスを「提供」することから、必要なサービスが地域で利用できるように「調整」する方向に転換しました。どのような福祉地区をつくっていくか、市(区)町村の主体的判断が求められる時代に入りつつあります。

　平成18年度に施行される予定の介護保険制度の改正では、市(区)町村は各々福祉地区（「生活圏域」と呼ぶ）を設定し、地区ごとに介護サービスなどの基盤整備を行うこととされています。

◆ **これからのサービスイメージ**

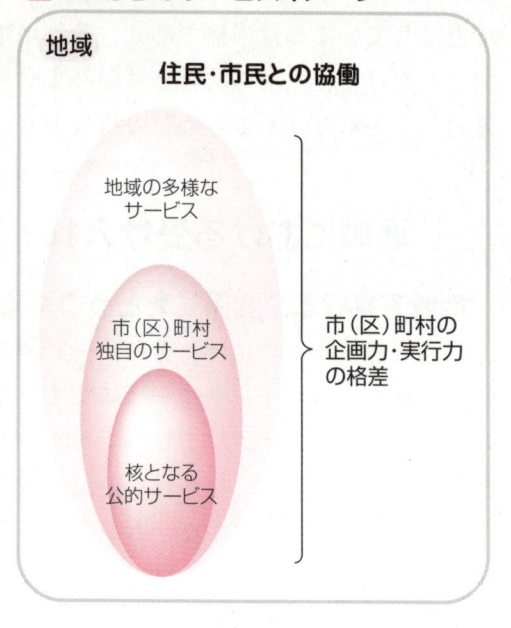

地域
住民・市民との協働

- 地域の多様なサービス
- 市(区)町村独自のサービス
- 核となる公的サービス

市(区)町村の企画力・実行力の格差

2 認知症高齢者が地域で暮らすための制度

▶ 公・私サービスを合わせてケアの充実を図ります

◻ 施設入所では生活の継続性をいかに保てるかがポイント

認知症高齢者のためのサービスをまとめると次のようになります。長寿化に伴う認知症発症者の増加に対応するには、それぞれのサービスがどのように関連し合い、認知症高齢者の暮らしを支えているかを考える必要があります。

◻ 認知症高齢者関連サービス群

	居宅サービス	住まい	その他のサービス	備考
在宅	・訪問介護 ・訪問看護 ・通所介護（デイ・認知症デイ） ・通所リハビリテーション ・短期入所型介護 ・居宅療養管理指導 （・介護予防の各サービス） ・介護保険対象外 　友愛訪問 　生きがいデイ	・自宅 ・借家 ・借間 ・シルバーハウジング ・グループリビング ・有料老人ホーム ・ケア付き住宅 （養護老人ホーム）	・見守り ・食事サービス ・家族等 ・近隣 ・知人等	在宅生活を支えるためには ○家族等の支援 ○近隣の協力 ○地域の受け入れる意識 ●公的サービス ●保健所の支援 　等が必要 ◎認知症に対応できるケアマネジメントが必須
入所系		入所系サービス ・グループホーム ・特定施設（ケアハウス・有料老人ホーム）		グループホームの場合は退所要件があるので注意
施設・入院		生活をどう継続させるか ・知人との関係 ・地域との関係 ・主体的社会参加等が大切	施設サービス ・老人福祉施設 ・老人保健施設 ・療養型医療施設 入院 病院等 状態が重篤な場合は精神科へ入院等が必要	
家族支援	▶ 保健所等で、家族が孤立しないための各種サポート情報を収集 例 認知症高齢者家族介護教室、家族への相談、家族の会等の活動			
生活習慣	▶ 閉じこもらないで積極的に外で他者とかかわる習慣を持つ 例 散歩、知人宅への訪問、図書館等公的機関の利用、ゲートボール等スポーツ			
人的資源	例 民生委員、認知症の相談員、精神科医、その他			
相談機関	例 保健所、福祉事務所、地域包括支援センター（在宅介護支援センター）、その他			

前ページの表の中で、太枠で囲んだ部分が暮らしの場です。

入所系、施設・入院（色地の部分）の場合、生活の継続性をどのようにつくっていくかが課題です。

施設系に入所すると集団生活が始まり、施設管理者側の意向（意識されているか否かにかかわらず管理的になる）とも相まって受動的になりがちです。これをどのように「本当の意味での主体的生活」に転換させるかが課題です。

1 ◆◆◆ 地域の社会資源を活用する方法

◘ ケアマネジャーの役割

居宅介護支援専門員（ケアマネジャー）は、サービスの手法としての「ケアマネジメント」を行う要として、介護保険の施行に合わせて導入され、極めて重要な役割を担っています。その質・水準が、21世紀の日本の福祉サービスのあり方に大きな影響を及ぼすといっても過言ではありません。

しかし、実際にはサービスのマネジメントを行っているというよりは、単なる「給付管理」の域を出ていないのが現状ではないでしょうか。

今後、ケアマネジメントのプロとしての活動が期待されているところです。

ケアマネジャーは、ソーシャルワーカーであり、コミュニティーワーカーの性質も兼ね備えていると思われます。利用者への直接的なサービスのコーディネートだけでなく、必要であれば地域に不足する福祉資源をつくり出すような活動も求められます。

実際には、利用者への援助の過程を通じて不足するサービスをフォーマルに求め、さらにインフォーマルなサービスの活用を図る中で、その組み合わせ方により新たな資源（サービス等）としたり、新たな資源をつくり出したりすることになると思います。

◘ ケアマネジャーによる家族への支援

認知症高齢者を抱えた家族は、しばし途方に暮れ、孤立感を持ちます。

そして、適当な相談相手がなく、悩みを訴えることができないとき、さらに孤立感を深め、追いつめられていきます。それを回避するためには、他に相談相手がいない時は、とりあえずケアマネジャーがその支え手となるとともに、早急に家族の相談相手を探す必要があります。それらのボランティアなどを含めた支援の情報は保健所にある場合もあります。

ケアマネジャーのサポートとは、直接支援することだけではありません。家族を支援できる機関・団体等を紹介し、利用できるよう家族をサポートすればよいでし

ょう。ただし、家族等の状況が放置できないとすれば、緊急避難的に直接のサポートも必要になります。

　また、機関・団体などを紹介した場合も、利用しやすいよう配慮することや、利用したかどうかを確認することは必要です。他への訪問のついでに寄るなど、効率的に対処するとよいでしょう。

◻ 医療機関との連携

　認知症が疑われた場合でも、脳血管型かアルツハイマー型かで、その後のケアが異なることは、前章（108〜110ページ）に書かれているとおりです。診断がついていない場合や診断内容が疑われる場合は、専門の医療機関への受診につなげ、ケアについてアドバイスを求めることが重要です。

◻ 地域の社会資源の調査

　認知症高齢者へのサービスとしては、121ページの図にあるとおり、介護保険等の公的なサービスと、近隣の支え合い、家族・知人等のサービス、その他の地域資源があります。それらを調査し、利用者が閉じこもらず、積極的に他者とかかわれるような生活をつくることが大切です。

　また、ケアマネジメントの項（29〜30ページ）でも指摘されたように、医療機関等と連携し、アドバイスを求めることも重要です。それらを踏まえたうえで、どのようなサービスを組み合わせるかが課題です。

◻ 認知症高齢者への地域の理解

　地域によって、また地域でのこれまでの人間関係によって、認知症高齢者の受け入れられ方は異なります。

　認知症になっても地域で暮らし続けるためには、地域住民の温かい受容のまなざしが必要ですが、例えば、長い間地域の人々との交流が続いており、だんだんと認知症の症状が出てきた人へのまなざしと、会社を退職して転居してきた認知症の人へのまなざしには、差が生じると思われます。

　現実的な話としては、地域全体が認知症として受け入れる環境を整える方法として、地域で活躍する「民生委員」やその他のキーとなる人たちに、本人・家族の同意を得たうえで協力を依頼するなどの具体的なアクションが必要となることもあります。それらを実施しやすい最短距離にいるのは、やはり市（区）町村といえます。

　ケアマネジャーは利用者が外の刺激を受けて暮らせるよう、地域のインフォーマルな資源や行事その他を把握し、生活に変化を持たせる工夫をし、地域の受け入れを促す必要があります。

そして何よりも、先に述べたように、認知症高齢者を日常的に介護している家族への支援・サポートが重要です。

◻ サービス事業者・公的機関による家族支援

在宅の利用者の家族は、日常的な利用者とのかかわりで疲労がたまっています。通所系、入所系のサービス事業者は、家族を孤立させないため、家族会を組織したり交流会を積極的に催す必要があります。

また、公的機関における「家族支援」も重要です。具体的には家族の旅行会といった単なるイベントではなく、実体として家族を支えていく仕組み（家族を孤立させない取り組み、家族の相談駆け込みサービスなど）をつくっていくことが重要です。

2 重視される市（区）町村、都道府県の役割

介護保険制度の導入により、行政の役割は、直接サービスを提供することから、サービスのコーディネートへと大きく転換しました。特に新しいサービスでは、その役割が重要です。

グループホーム等の運営基準についてモデルを具体的に提示すること、職員の研修機会の提供、運営方法が未熟なホームへの臨時的運営マニュアル・職場研修マニュアルの提供、適切な指導検査の実施など、サービスが円滑に行われるための多くの仕掛けをつくる必要があります。地域に、認知症についての受容を普及することも重要な役割です。

しかし、残念なことに地方公共団体の「福祉行政」は、その能力に激しい格差が生じているのが現状です。

3 認知症高齢者グループホームの積極的活用

▸ 入所後の生活が重要です

1 ••• 急拡大するグループホーム

　徘徊する高齢者や目が離せなくなった高齢者を、家族（大半は高齢者）が介護するのは容易なことではありません。高齢者の状態によっては24時間目が離せない場合も起こります。認知症高齢者を抱え、その介護に苦労している家族の場合、疲労が重なっている例が多く見られます。

　しかし、介護保険法施行前は、特別養護老人ホーム等の入居者に対する処遇も、1人ひとりの個性に応じたサービスの展開にはほど遠い状態でした。多くの施設で認知症高齢者のみを集めたフロアに鍵をかけ、回廊式の廊下を歩かせているだけ、などという集団的処遇が行われていました。

　居宅での生活が困難な認知症高齢者の生活の場として、それまでの入院や特別養護老人ホーム等の施設からの受け皿として、痴呆性（認知症）高齢者グループホームが1990年代に入り、日本でも急速に普及してきました。特に1990年代の後半から、全国各地で「グループホームケア」についての関心が高まり、施設職員や病院職員等が、これまでの処遇に疑問を抱き、さまざまな試行・取り組みが行われ、やがて

◆受け皿としてのグループホーム

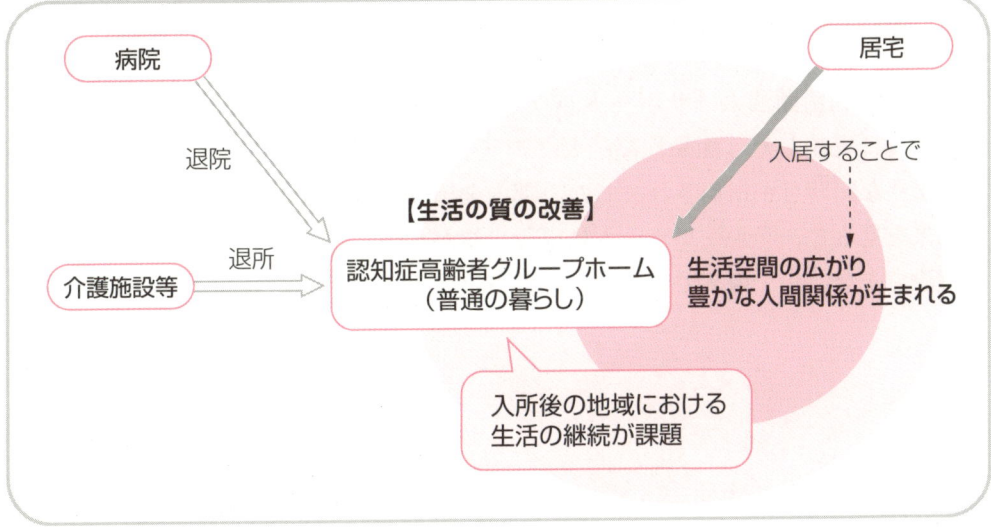

病院 →（退院）→ 認知症高齢者グループホーム（普通の暮らし）【生活の質の改善】
介護施設等 →（退所）→ 認知症高齢者グループホーム
居宅 →（入居することで）→ 生活空間の広がり 豊かな人間関係が生まれる

入所後の地域における生活の継続が課題

社会福祉事業として認知されるにいたりました。

　認知症高齢者グループホームの特徴は、1人ひとりの個性に応じた処遇（サービス）を行うことにより、これまでのサービスの欠点の克服を目指し、実践されてきたことにあります。具体的には集団的処遇から個別処遇への転換で、利用者1人ひとりの意思の尊重、地域との交流を図ってきました。

　それは、ある時期認知症高齢者対策の切り札とさえいわれることもありました。そして、介護保険制度の施行に伴い、新規参入が容易なグループホームに、多くの法人主体が参入しました。介護保険の指定事業となったことも重なり、2004年10月現在で全国に5700カ所余となっています。

◆ グループホーム法人主体別設置数　　　　　　　　（平成16年4月現在）

法人種別	社会福祉法人	社会福祉法人・社協	医療法人	民法法人（社団、財団）	営利法人	非営利法人（NPO）	農協	生協	その他法人	地方公共団体	合計
設置数	1,101	35	971	19	2,112	292	1	12	15	27	4,585

（厚生労働省全国介護保険担当課長会議資料 16.9.14より）

2　認知症高齢者グループホームの現状

　特定非営利活動法人「サポートハウス年輪」が、福祉医療機構の助成金により2003年度に実施した「痴呆性高齢者グループホーム」実態調査結果から、128ページのような問題点が指摘されました。都内全施設と全国13施設について調査したその結果を見ると、グループホームは創設当初からの、存立にかかわる課題を今もまだ解決できないまま抱えているといえます。

◆認知症高齢者グループホームのサポートの流れ

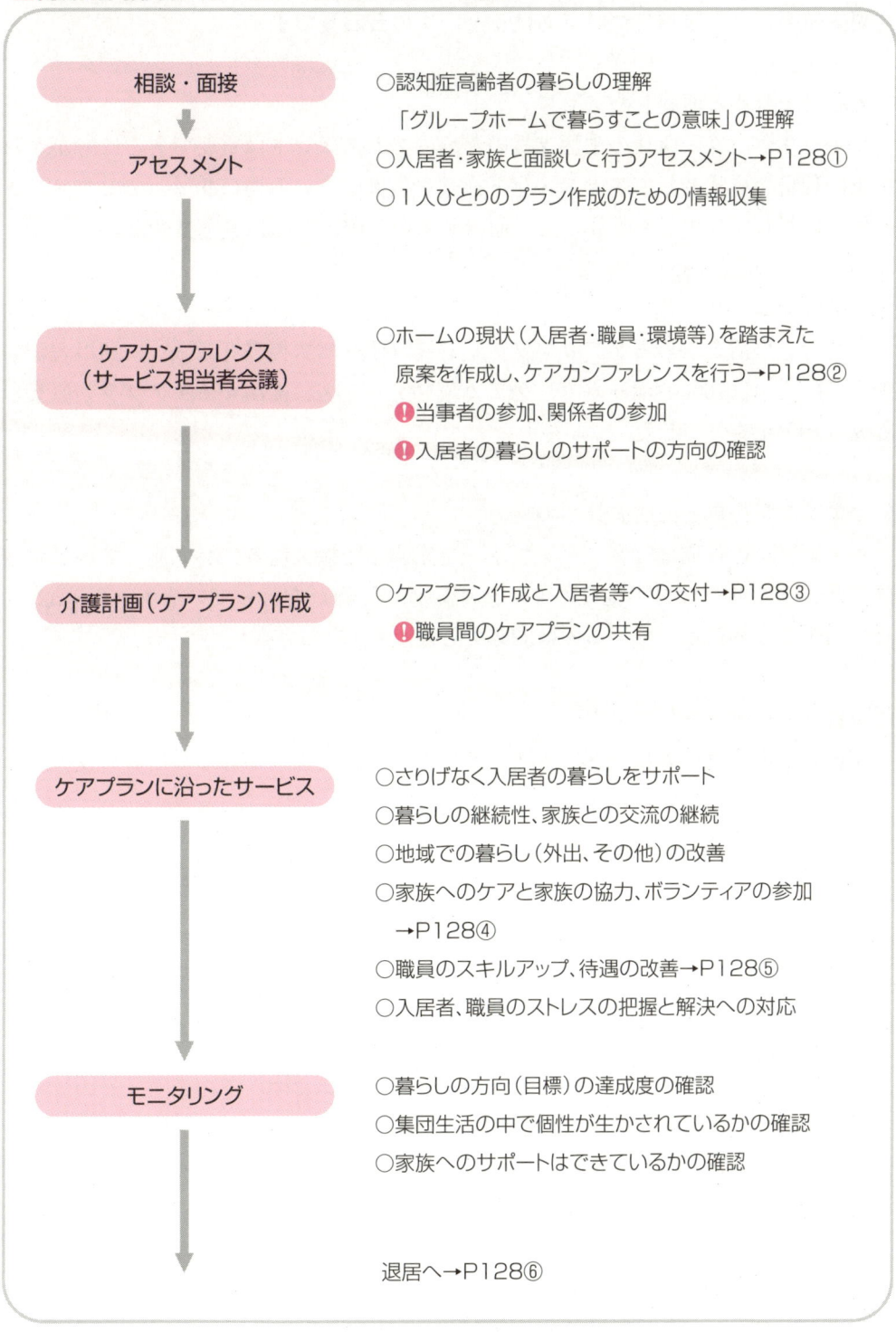

```
[相談・面接]
    ↓
[アセスメント]
    ↓
[ケアカンファレンス
 （サービス担当者会議）]
    ↓
[介護計画（ケアプラン）作成]
    ↓
[ケアプランに沿ったサービス]
    ↓
[モニタリング]
    ↓
```

相談・面接
- ○認知症高齢者の暮らしの理解
  「グループホームで暮らすことの意味」の理解

アセスメント
- ○入居者・家族と面談して行うアセスメント→P128①
- ○1人ひとりのプラン作成のための情報収集

ケアカンファレンス（サービス担当者会議）
- ○ホームの現状（入居者・職員・環境等）を踏まえた原案を作成し、ケアカンファレンスを行う→P128②
- ❗当事者の参加、関係者の参加
- ❗入居者の暮らしのサポートの方向の確認

介護計画（ケアプラン）作成
- ○ケアプラン作成と入居者等への交付→P128③
- ❗職員間のケアプランの共有

ケアプランに沿ったサービス
- ○さりげなく入居者の暮らしをサポート
- ○暮らしの継続性、家族との交流の継続
- ○地域での暮らし（外出、その他）の改善
- ○家族へのケアと家族の協力、ボランティアの参加
  →P128④
- ○職員のスキルアップ、待遇の改善→P128⑤
- ○入居者、職員のストレスの把握と解決への対応

モニタリング
- ○暮らしの方向（目標）の達成度の確認
- ○集団生活の中で個性が生かされているかの確認
- ○家族へのサポートはできているかの確認

退居へ→P128⑥

（サポートハウス年輪「痴呆性高齢者グループホームの質の改革をめざして
～さりげないサポート実態調査報告書～」2003.3を一部改訂）

◘ 数字に表れた「遅れた実態」

調査結果の主な事項についてあげると、次のとおりです。

①入居者・家族と面談したアセスメント
　グループホーム入所後の生活支援のためのアセスメントは重要であるにもかかわらず、独自の様式としてアセスメント様式を整備しているのは40%、アセスメントの作成に際して利用者や家族と必ず面談しているのは28%に過ぎません。

②ケアカンファレンス
　利用者の生活を決めるケアカンファレンス（サービス担当者会議）に利用者が参加しているのは16%のホームで、ケアカンファレンスに提出するケアプラン原案の作成も70%止まりでした。

③ケアプラン作成と入居者等への交付
　ケアプランの作成は72%、ケアプランを家族または入居者に必ず渡しているのは50%弱、またサービス実施後のモニタリング（評価）を行っているホームは52%、その結果を家族に示しているのは32%でした。

④家族へのケアと家族の協力
　家族会があるホームは76%、入所することで疎遠になりがちな利用者の友人との関係の調整を行っているホームは28%でした。

⑤職員のスキルアップ
　職場内研修の実施は64%、また採用時研修を行っていないグループホームもありました。

⑥退居基準
　退居基準は、ほとんどのグループホームが定めています。その中で、次のような基準を定めているホームもあり、この多くは極めて不当・不適切であるといえます。

- 家事等の共同作業ができなくなったとき　　　　　　　4%
- 自力歩行が困難になったとき　　　　　　　　　　　28%
- 車いすが必要になったとき　　　　　　　　　　　　24%
- 寝たきり状態になったとき　　　　　　　　　　　　44%
- 著しい精神症状や行動障害が治まらないとき　　　　48%
- 認知症以外の恒常的医療行為が必要となったとき　　68%

⑦その他

通所介護の利用は16％ですが、より積極的な活用が望まれます。

◪ "お荷物施設"となる危険性

以上は回答があったホームの現状です。回答がなかったホームの平均はこれよりさらに下がるのではないかと思われます。グループホームの創成期当時は、そこに立ち会えた幸せをかみしめていましたが、それから数年後の調査結果をみてその変化に愕然としました。

例えば、退所基準を見てみると、在宅での生活が困難なためグループホームへ入居しているにもかかわらず、ADLが落ちると他へ転居となってしまっています。これでは、先に述べたリロケーションダメージの問題もありますが、「地域で暮らし続ける認知症高齢者を支援する」というグループホームの固有性そのものも否定することになります。このままでは、特別養護老人ホームなど介護保険施設の単なる入所待機機関と化してしまいます。特養ホームのユニット化や地域展開が行われれば、グループホームの優位性は失われ、"お荷物施設"になりかねません。

◪ 認知症高齢者グループホーム利用上の留意点

ケアマネジャーは、認知症高齢者グループホームの以上のような実情を踏まえ、入居をすすめる場合には、退居要件、総費用＝個人負担総額の確認を行うとともに、サービスの質について確認したうえで、利用者・家族に情報提供しましょう。そうしないと、その努力が無駄になるどころか、仇となる場合も考えられます。

3 地域で受け入れられるグループホームをつくる

◪ 日々の生活を充実させる工夫をしよう

受け皿としてのグループホームは急拡大しましたが、創設当初の想い・理念は継承されず、サービス実施上多くの問題を抱えるグループホームが数多くできてしまったようです。

地域での普通の暮らしの実現を目指すグループホームの場合は、利用者の本当の住宅としてそこから外出し、日常そこに人が訪ねてくるという関係をつくることはとても大事なことです。また、地域の商店や行事に、普段の感覚で出かけるということが、あたりまえにあることが必要です。

利用者の日中活動の場として、（併設の）認知症デイサービス（通所介護）への参加や、散歩・趣味活動など、日常生活の充実を図る工夫が必要です。また、それらの活動を支援するボランティアの確保も望まれます。

◘ 地域で欠かせない存在へ

　これまで述べてきたような日常の生活を可能にするためには、まず地域の中にグループホームが受け入れられなければなりません。そのため、グループホームは地域の中で欠かせない存在として認知されるよう努力することが重要です。地域のいろいろな集まりに出かけ、PRするとともに、グループホームの持っている機能、例えば認知症高齢者へのかかわり方や家族の悩みの相談に応じるなど、ホームの持つノウハウを地域に還元していく努力が望まれます。

　特に、多くのグループホームでは、ホーム側も家族も、入所したことがゴールであるかのような対応がなされていることが多いと思いますが、入所は新たな環境での新しい生活づくりの第一歩ですから、地域での暮らしを創造することが極めて重要です。

　入所に際しては、家族の側から積極的に入所後の生活についてどのように取り組んでいるのか、グループホーム側にたずねる必要があります。

　また、普通に外出し、用事を済ませ、あるいは散歩に行くためには、グループホーム職員だけの対応では困難です。温かく見守る地域の視線、道に迷うなどのトラブルが生じた場合の支援の輪が必要です。

　ホーム側は、その支援の輪を、家族の方や地域の方と交流する中でつくり上げていくことが重要です。それらの活動により、「地域で欠かせない存在」として認知されていくでしょう。

4 新・介護保険制度への法律改正の方向

▶負担の増大が給付抑制をもたらします

1 ◆◆◆ 18年度改正で変わるポイント

　平成17年の通常国会に「介護保険法及び関連法の改正」が提出されました。制度改正の内容は、おおむね次のとおりです。

(1) 対象年齢の拡大の議論

　介護保険の対象年齢を、現行の40歳から何歳まで引き下げるか、0歳か20歳か、現状据え置きとするかどうかが議論に上りました。これは障害施策である支援費制度との統合を視野に入れた問題です。

　今回の改正では現状据え置きとなり、新たに時間をかけ、平成19年度までに結論を出すこととされました。しかし知的障害者・身体障害者・精神障害者の福祉制度の一元化が図られるとともに、その利用に際して介護保険と同様の利用料の一割負担、サービス利用の上限額の設定が新たに設けられることになりました。

　対象年齢の議論は、ドイツでは、介護保険の対象年齢は1歳からですから、「どのように制度設計を行うか」という問題にすぎません。ただ、ドイツとの違いをいえば、ドイツでは1995年の介護保険法施行前には介護サービス体系がなかったため、制度設計の自由がありましたが、日本の場合は既存の施策の再構築のため、自由度に制約があります。今回の介護保険と支援費の統合も同様に、自由度の制約の問題があり、現実的には段階的統合という形で進むものと思われます。

　なお、障害の分野では、これまで根拠法が別々であった身体障害者・知的障害者と精神障害者関連の法律統合が予定されています。

(2) サービス体系の変更と新しいサービスの創設

　18年度改正で行われるサービス体系の変更と新しいサービスの創設は、認知症高齢者の暮らしを考えるうえで重要です。後に詳述しますが、簡単に触れますと以下のとおりです。

●介護予防給付・地域支援事業など、新しいサービス体系の創設

　予防的観点から、現在の要支援・要介護1を中心に「予防給付」を創設します。

そのサービスのコーディネートは「地域包括支援センター（仮称）」において予防ケアマネジメントにより実施します。

なお、地域包括支援センターの創設に伴い、在宅介護支援センターは、1989年の創設以来17年間の活動の幕を下ろすことになります。

また、要支援に該当しない虚弱の高齢者（高齢者人口比で5％程度）を対象に「地域支援事業」が創設されます。これは従前実施されていた介護予防のための縦割りの各種施策、具体的には老人保健法による事業や、通知により実施されていた介護予防・地域支え合い事業と介護保険の保健福祉事業等を再編統合して、実施するものと思われます。

その財源は、第1号被保険者保険料から一定割合が、残りを国・都道府県・市（区）町村が負担するという財源構成になりました。その費用総額は介護保険の総事業費の3％の範囲とされています。例えば地方の5万人規模のある市の場合、総事業費が約20億円のため6,000万円程度が予算として考えられるとのことです。

● 施設から在宅への流れと、在宅系サービス

ノーマライゼーションと経費節減の観点から、施設の個室化の推進による施設ベッド数の抑制と同時に、施設入所者の重点化（入所対象は要介護2以上ですが、入所者の中心を要介護4～5とすること）が進められます。

考え方の流れは正しい方向と思われますが、施設から在宅への転換の時間軸が設定されていないように思えます。転換プロセスのタイムスケジュールが設定され、段階的・計画的移行を行わないと、再び制度の狭間での「社会的入院のようなもの」を生み出します。

この流れでいくと、在宅での住まいがポイントになりますが、そのために養護老人ホームのケアハウスへの転換や、シルバーハウジングの再整理・活用等が検討されています。ただし、先に述べたように「箱」だけを考えるのではなく、現在もほとんど顧みられていない「リロケーションダメージ」問題解決への取り組みが重要となってきます。

● 地域密着型サービス

今回の介護保険制度見直しのうち、最も重要なものの1つです。サービス展開のプロセスと一定範囲のサービス整備を保険者に委ねるというものです。

具体的には夜間対応型訪問介護、認知症対応型通所介護、小規模多機能型居宅介護、認知症対応型共同生活介護、地域密着型特定施設入居者生活介護、地域密着型介護老人福祉施設入所者生活介護が想定されています。

(3) サービスの質を改善するための人材育成

サービスの質の改善のためには、サービスそれ自体の改善とともに、人材の養成・確保が重要です。今回の見直しに際しては、ケアマネジャーの質の改善のための措置、例えば、研修の充実に加えて、現在1人50ケースが標準とされている担当ケース数の削減や、施設職員の資格を介護福祉士等へ誘導する方向や、ヘルパー養成講習修了者への現任研修の充実などの取り組みが行われる見込みです。

(4) 市(区)町村への権限移行

新介護保険制度では、保険者である市(区)町村の役割がますます重要になります。地域に密着したサービス、例えばグループホーム、小規模多機能サービス、認知症デイサービス等の整備量の算定や、創設が可能となるその地域に固有のサービスの指定権限が、都道府県から保険者に移行します。

それに伴って、指導監督権限の一部も移行します。実施する権限が大幅に委譲される保険者としては、地域の要介護者に対するサービスなどの提供をどうしていくのかを、地域の実情に合わせて考えていく必要があります。

また、前述の「地域支援事業」や「予防給付」のマネジメントも、市(区)町村事業である「地域包括支援センター」において実施することになります。

地域住民の福祉が、そのサービス量の整備から実施のコーディネートや指導監督に至るまで、大きく権限委譲され、市(区)町村、すなわち保険者の責任において実施することになるのです。

2 改正による負担の増大と給付の見直し

これら制度の見直しは、財政問題とメダルの表裏の関係で考えられています。利用者数の増加に伴う介護保険総事業費の増加による保険料負担の増加、これは同時に第2号被保険者保険料の1／2を負担している企業負担の増加でもあり、また国、都道府県、市(区)町村の負担の増加にもつながっていますが、これら負担増に対する抵抗感などから、総事業費抑制のインセンティブが働いています。

今回の介護保険見直しを財政抑制の観点から見ると、施設から在宅への流れ、施設の個室化の促進は、施設ベッド数の抑制、単価の抑制につながると捉えられます。介護予防も、重度化を防ぐことで事業費抑制効果につながります。さらに、要支援と要介護1を含む「新介護予防給付」の創設は、その単価にもよりますが、受給者数の4割弱という規模から、総事業費の抑制効果が期待できます。

また、新たに創設される介護保険対象外の高齢者（5％程度、約100万人強程度）を対象とする「地域支援事業」も、税を財源とした老人保健事業や、介護予防・地

域支え合い事業を再編し、その財源に介護保険料を入れる見込みなので、税の大幅な負担節減効果が期待できます。

　事業の安定的運営には財源確保が不可欠です。介護保険事業の見直し、新たなサービス等の創設というときに、このように現在と将来の財源問題と密接に関係していることを認識しておく必要があります。

3　制度改正一覧

　改正新制度の主要な変更点のみまとめておきます（次項以降で詳述）。

(1) 居宅サービスの種類

①訪問介護
②訪問入浴介護
③訪問看護
④訪問リハビリテーション
⑤居宅療養管理指導
⑥通所介護
⑦通所リハビリテーション
⑧短期入所生活介護
⑨短期入所療養介護
⑩特定施設入所者生活介護
⑪福祉用具貸与および特定福祉用具販売

(2) 地域密着型サービスの種類

①夜間対応型訪問介護
②認知症対応型通所介護（認知症高齢者専用デイサービス）
③小規模多機能型居宅介護
④認知症対応型共同生活介護（認知症高齢者グループホーム）
⑤地域密着型特定施設入居者生活介護→入居定員29人以下の有料老人ホーム等
⑥地域密着型介護老人福祉施設入所者生活介護→入所定員29名以下の特養老人ホーム
注）介護老人福祉施設とは、30人以上の定員の特養老人ホーム

(3) 地域密着型サービス事業者

①市(区)町村長が指定

事業者の指定を行う市(区)町村長はあらかじめ都道府県知事に届け出る。
　②市(区)町村の区域外の指定の扱い
　　他の市(区)町村の被保険者が利用する場合には当該地の保険者の同意が必要。
　③認知症対応型共同生活介護の指定
　　計画数を超えた扱いについては指定拒否ができる

(4) 介護予防サービスの種類
　①介護予防訪問介護
　②介護予防訪問看護
　③介護予防訪問リハビリテーション
　④介護予防居宅療養管理指導
　⑤介護予防通所介護
　⑥介護予防通所リハビリテーション
　⑦介護予防短期入所生活介護
　⑧介護予防短期入所療養介護
　⑨介護予防特定施設入居者生活介護
　⑩介護予防福祉用具貸与及び特定介護予防福祉用具販売
　注）住宅改修費についても介護予防の対象となる。

(5) 地域密着型介護予防サービスの種類
　①介護予防認知症対応型通所介護
　②介護予防小規模多機能型居宅介護
　③介護予防認知症対応型共同生活介護

(6) 住所地特例施設の対象施設
　①介護保険施設
　②介護専用型特定施設のうち、入居定員が30人以上であるもの
　③養護老人ホーム
　注）29人以下の特養ホーム等とグループホームについては住所地特例の対象にならない。

(7) 要介護認定のための調査
　①新規申請者は、保険者が行うのが原則。やむを得ない事情があるときは地域包括支援センターその他厚生労働省令で定める者が手続きを代行（限定的）。
　②更新申請に関しては、指定居宅介護支援事業者、地域密着型介護老人福祉施

設、介護保険施設その他厚生労働省令で定める事業者または施設が行う。

〈8〉地域支援事業
- 法定義務
  ①健康教育、健康相談、健康診査その他被保険者の介護予防のために必要な事業
  ②介護予防事業のマネジメント ⎫
  ③被保険者の実態把握と総合相談・支援 ⎬ 包括的支援事業とよばれる
  ④他職種による包括的・継続的マネジメントの支援 ⎭
- 市（区）町村の選択事業
  ①介護給付の適正化事業
  ②虐待防止を含む権利擁護事業
  ③介護者の支援事業
  ④その他の事業

〈9〉地域包括支援センターの設置者
　地域包括支援センターの設置者は、中立性・公平性の観点から、同一法人内で指定サービス事業を営んでいないことなどの制約が設けられる見込み。
　　①市（区）町村
　　②老人介護支援センター設置者
　　③その他厚労省令で定める者

〈10〉市（区）町村事務受託法人
　市（区）町村は都道府県が指定する「指定市町村事務受託法人」に次の事務を委託できる。
　　①文書の提出に係る事務
　　②調査に関する事務　→　介護支援専門員及びその他厚生労働省令で定めた者
　　③その他厚労省令で定める事務

〈11〉経過措置
　　①介護保険施行前からの特養ホーム入所者に対する利用者負担の軽減措置
　　　平成17年度からさらに5年延長
　　②介護保険障害ヘルパー利用者への利用者負担の軽減措置
　　　10％→3％の軽減措置を17年度1年間継続予定

5 新・介護保険制度下の新しいサービス体系

▶予防給付がポイントです

　平成18年度施行予定の新介護保険制度は、これまでとサービス体系・内容が大きく変更される見込みです。現在公表されている資料からサービス体系を図示すると、次のようになります。

◆新介護保険サービス体系イメージ図

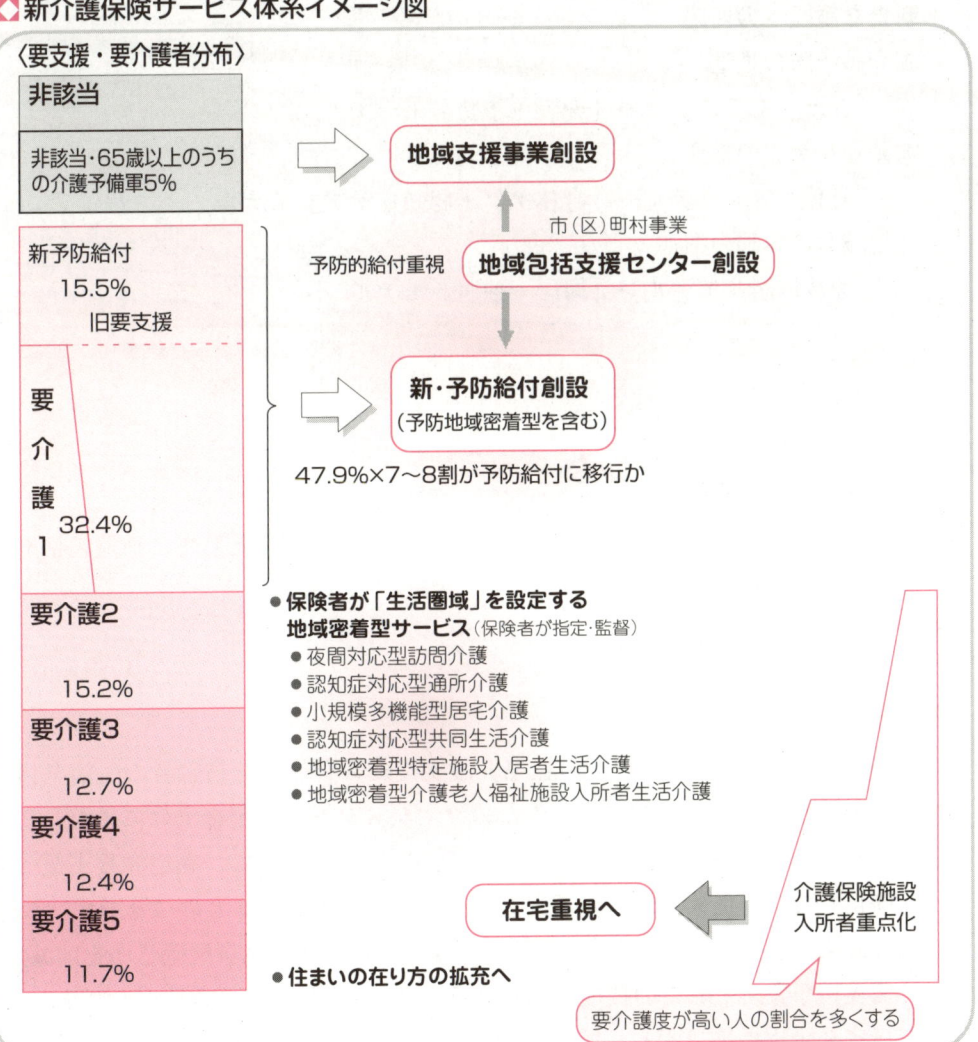

〈要支援・要介護者分布〉

区分	割合
非該当	非該当・65歳以上のうちの介護予備軍5%
新予防給付	15.5%（旧要支援）
要介護1	32.4%
要介護2	15.2%
要介護3	12.7%
要介護4	12.4%
要介護5	11.7%

- 非該当 → 地域支援事業創設
- 予防的給付重視　市(区)町村事業　地域包括支援センター創設
- 新予防給付・要介護1 → 新・予防給付創設（予防地域密着型を含む）
- 47.9%×7〜8割が予防給付に移行か

● 保険者が「生活圏域」を設定する
　地域密着型サービス（保険者が指定・監督）
　● 夜間対応型訪問介護
　● 認知症対応型通所介護
　● 小規模多機能型居宅介護
　● 認知症対応型共同生活介護
　● 地域密着型特定施設入居者生活介護
　● 地域密着型介護老人福祉施設入所者生活介護

在宅重視へ ← 介護保険施設入所者重点化
　　　　　　　要介護度が高い人の割合を多くする

● 住まいの在り方の拡充へ

（厚生労働省会議資料等より作成）

今回の改正の考え方について、厚生労働省・社会保障審議会介護保険部会の報告書からそのポイントをまとめると、次のようになります。

ここでは新たに創設される地域包括支援センターや地域密着型サービスを中心に述べていきます。

> - **基本理念の徹底**
>   ①サービスの改革　～量から質の時代～
>   ②在宅ケアの推進
>   - 施設から在宅へのシフト他
>   ③地方分権の推進
>   - 保険者機能の強化（地域支援事業、新予防給付、地域密着型サービス等）
> - **新たな課題への対応**
>   ①介護予防の推進
>   「介護」モデル　→「介護＋予防」モデル
>   ②認知症ケアの推進
>   「身体ケア」モデル→「身体ケア＋認知症ケア」モデル
>   ③地域ケア体制の推進
>   「家族同居」モデル→「同居＋独居」モデル

（厚生労働省介護保険部会報告書16.7.30より）

1　地域包括支援センター

地域において総合的包括的にマネジメントを担う中核機関として、地域包括センターを整備することになりました。

概要は以下のとおりです。

設置の理由

厚生労働省の説明では、「現行の在宅介護支援センターは、高齢者の生活全体を地域において包括的・継続的に支えるためマネジメントの役割を十分に果たしているとはいえない状況」（16.9.14全国会議資料P86）にあるために、在宅介護支援センターを廃止して、新たに「地域包括支援センター」を設置するとのことです。

在宅介護支援センターは、介護保険制度の導入に合わせて職員配置基準を削減し、居宅介護支援事業所としての機能を担うよう「運営費」の面での誘導がありました。しかし居宅介護支援事業所としての質の改善はなされないままであったため、在宅介護支援センターの機能喪失に至りました。

また、在宅介護支援センターは、対象者を要介護高齢者とその家族等に限り、例えば、障害者等の要介護者を排除しているといった限界もありました。そのため、新たに「包括」的支援を可能とする組織を設置することとなったものと思われます。
　財源面をみると、本センターの設置にあたり、新たに保険料の負担が生じます。

機能
①**総合的な相談窓口**
　　地域の高齢者の実態把握や、虐待への対応などの権利擁護を含む総合窓口
②**介護予防マネジメント**
　　新・予防給付や地域支援事業のマネジメントを含む介護予防に関するマネジメント
③**包括的・継続的なマネジメント（マネジメントの統括）**
　　介護サービスだけでなく、介護以外のさまざまな生活支援を含むマネジメント

実施主体
　保険者＝市（区）町村

対象圏域
　新介護保険事業計画において策定される「生活圏域」

現行の在宅介護支援センターからの移行
　現行の在宅介護支援センターからの移行については、市（区）町村がその機能に着目して判断し、機能していない場合等は廃止もあり得るとされています。

職員配置
　社会福祉士等、保健師および経験を積んだ看護師、主任ケアマネジャー

◆地域包括支援センターの「主たる3つの機能」と「配置すべき職種」

①総合的な相談窓口 社会福祉士等	●初期相談対応 ●相談支援（専門機関につなぐ） ●実態把握 ●権利擁護　等
②介護予防マネジメント 保健師・経験を積んだ看護師	●介護予防プランの作成等、介護予防サービスの利用に関する業務 ●介護予防サービスの一部実施（例　介護予防教室の開催等）
③包括的・継続的なマネジメント （マネジメントの統括） 主任ケアマネジャー	●市（区）町村、関係機関との調整 ●ケアマネジメント等のバックアップ

（厚生労働省全国介護保険担当課長会議資料16.9.14 を一部改訂）

導入時期

一定の経過期間をおいた円滑な導入、2年程度の猶予期間が設けられる見込み

2 介護予防

(1) 地域支援事業

地域支援事業は、従前の老人保健法による事業等の事業を統合・再編してつくられる事業です。

対象

要支援・要介護状態に陥るおそれのある者（高齢者人口の5％程度）等を対象に実施します。これは介護予防の重点化であるとともに、サービス体系の見直し、事業費の見直しの要素を含んでいます。

実施時期

市(区)町村の整備状況を勘案して、平成18年度から順次実施していきます。

目標

実施高齢者のうち20％については、要支援・要介護状態となることを防止することを目標とします。

統合する制度

地域支援事業は、現在実施している「老人保健法による6事業（健康手帳の交付、健康教育、健康相談、健康診査、機能訓練、訪問指導）」、介護保険の周辺サービスである「介護予防・地域支え合い事業」などを再編・統合して実施されます。

(2) 新予防給付

新予防給付は筋力向上や栄養改善など、要介護度の重度化防止を目的につくられます。

対象

要支援・要介護1（現在、介護保険の認定を受けている者の47.9％）については、その多くが介護保険本体給付とは切り離して、新予防給付へ移行すると見込まれます。

目標

新予防給付を受けた者の10％について、要介護2への移行を防止することを目標とします。

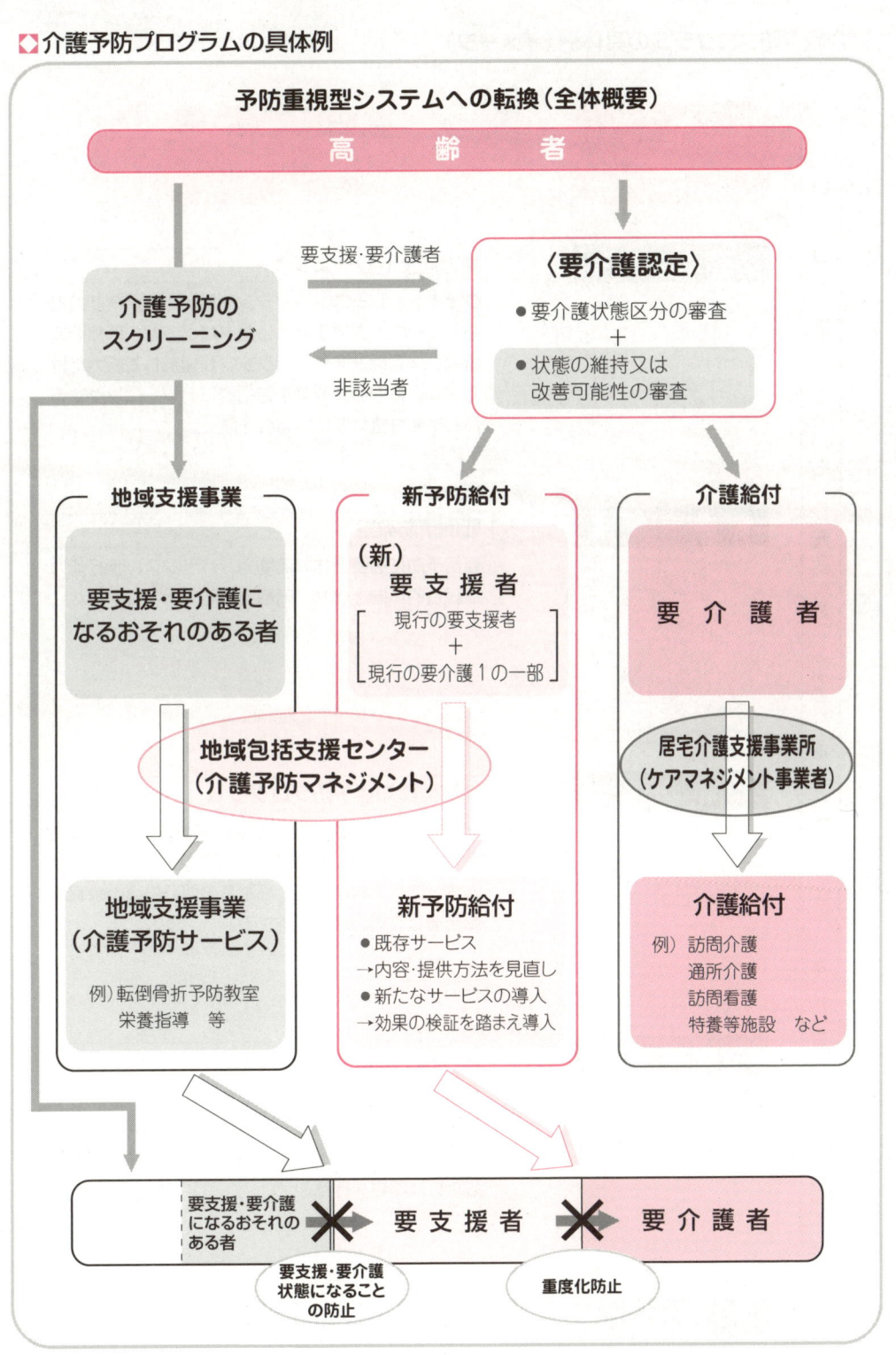

介護予防プログラムの具体例

予防重視型システムへの転換(全体概要)

高齢者

- 要支援・要介護者 → 〈要介護認定〉
  - 要介護状態区分の審査
  - ＋
  - 状態の維持又は改善可能性の審査
- 非該当者 → 介護予防のスクリーニング

地域支援事業
- 要支援・要介護になるおそれのある者

新予防給付
- (新)要支援者
  [現行の要支援者 ＋ 現行の要介護1の一部]

介護給付
- 要介護者

地域包括支援センター(介護予防マネジメント)

居宅介護支援事業所(ケアマネジメント事業者)

地域支援事業(介護予防サービス)
例)転倒骨折予防教室
　　栄養指導　等

新予防給付
- 既存サービス
  →内容・提供方法を見直し
- 新たなサービスの導入
  →効果の検証を踏まえ導入

介護給付
例) 訪問介護
　　通所介護
　　訪問看護
　　特養等施設　など

要支援・要介護になるおそれのある者 ✕ 要支援者 ✕ 要介護者

- 要支援・要介護状態になることの防止
- 重度化防止

(厚生労働省介護保険制度改革関連資料17.2.18より)

◆介護予防プログラムの具体例（イメージ）

いつまでも元気で長生きするために

要注意高齢者の早期発見 → **対処法**

生活機能低下 ⇒ **筋力向上トレーニング**
ウェイトトレーニングマシンを用いた高負荷筋力増強トレーニングを主体としたプログラム。医療関連職種と体育関連職種のスタッフが連携して筋力だけでなく、体力の諸要素を包括的にトレーニングすることで要介護状態に陥るのを防ぐ。

転倒危険者 ⇒ **転倒予防教室**
転倒予防に必要とされる筋力、バランス、歩行能力を総合的に向上させ、転倒を予防するプログラム。

軽度のボケ ⇒ **地域型認知症予防プログラム**
元気な高齢者とやや認知機能に問題を持ち始めた高齢者が手を取り合って認知症を予防する。パソコン・園芸・旅行・料理など、高齢者の関心の高い余暇活動を通じて知的面を刺激する。

低栄養状態 ⇒ **低栄養予防教室**
高齢になると食が細くなりがちなので、肉と魚を1対1の割合で摂取する。油脂類の摂取を促す等、食品摂取のガイドラインを用いて、地域保健活動を通じた普及啓発を行う。

口腔ケア ⇒ **歯磨きの励行と義歯調整**

（社会福祉審議会介護保険部会資料16.10.29より。出典は東京都老人総合研究所）

3 地域密着型サービス

　居宅サービスに、新たに市(区)町村の関与を強めた「地域密着型サービス」が創設されます。

　サービスの体系を「一般的なサービス」と「地域密着型サービス」の2つに分けます。「一般的なサービス」は、全国に共通する従来型のサービスで、どこの市(区)町村の被保険者でも利用できます。「地域密着型サービス」は利用が主として市(区)町村の圏域内にとどまる、地域に密着したサービスを指します。

　原則として、当該市(区)町村の被保険者しか利用できません。他の市(区)町村の被保険者が利用するためには、サービス所在地の保険者の同意を得て、他の保険者が事業者の指定をしなければなりません。現行の「基準該当サービス」を利用するイメージです。

◆地域密着型サービスの利用

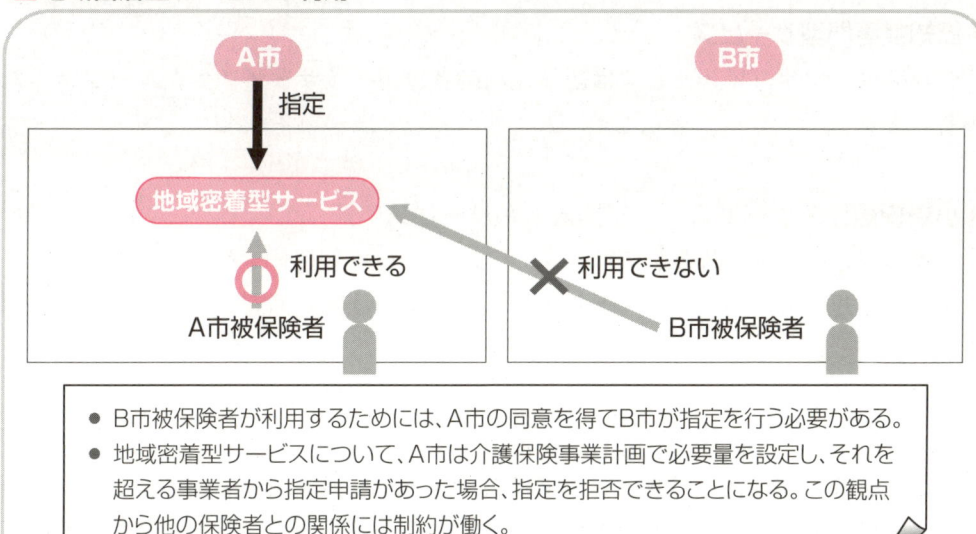

```
       A市                        B市
        │指定
        ▼
  ┌─────────────┐
  │ 地域密着型サービス │◄──────×
  └─────────────┘      利用できない
        ▲
        ○利用できる
     A市被保険者            B市被保険者
```

- B市被保険者が利用するためには、A市の同意を得てB市が指定を行う必要がある。
- 地域密着型サービスについて、A市は介護保険事業計画で必要量を設定し、それを超える事業者から指定申請があった場合、指定を拒否できることになる。この観点から他の保険者との関係には制約が働く。

(1) 地域密着型のサービスの概要

　地域密着型のサービスの種類は、小規模多機能型サービス、認知症専用型サービス、地域夜間対応型サービス、小規模居住系・小規模入所系サービスが考えられています。

　また、例示されているこれらのサービス以外に、地域の実情に応じて、一定の制約下で、保険者が独自のサービスを指定できることとされています。

　介護報酬についても、一定の枠内での保険者の独自設定が認められる見込みです。

(2) 地域密着型サービスの種類

●小規模多機能型サービス

　身近な生活圏域で「通い」「泊まり」「訪問系」「居住」等の機能を組み合わせ、サービスを継続的・包括的に提供するものです。今後既存サービスの機能拡大を含めて検討していきます。

　なお、生活圏域とは、第3期介護保険事業計画の策定に際しては、小学校区または中学校区等を標準に設定し、そこで対応するサービスの整備を行うこととされています。

●夜間対応型サービス

　今後増加する高齢独居世帯や重度者を地域で支えるためのサービスです。夜間や緊急時に高齢者からの通報があった場合に直ちに対応が取れるようにします。その他、具体的には夜間の巡回型訪問介護等が考えられます。

●認知症専門型サービス

　認知症専門型サービスとしては認知症高齢者専用デイサービスやグループホームがあります。

●小規模居住系サービス、小規模入所系サービス

　小規模居住系サービスとしては、認知症対応型共同生活介護が考えられます。

　また、小規模入所系サービスとしては、地域密着型特定施設入所者生活介護、サテライト型特別養護老人ホームを含む地域密着型介護老人福祉施設入所者生活介護が考えられます。

　以上のように地域密着型サービスでは、保険者が生活圏域を設定し、施設に入所しなくても地域で生活することが可能となるよう、多様で柔軟なサービスを設置しようとしています。その整備は、保険者の裁量・力量にゆだねられる部分が多くなります。

　このような考え方は、さきに触れられたデンマークの例にも通じるところがあり（104ページ参照）、そのサービスマネジメントについて、保険者が中心となって地域包括支援センター等も関与しながら行うのか、あるいは従前の居宅介護支援事業所の範疇になるのかは、制度運営上の大きな分水嶺ともいえます。

　というのも、これまで介護保険は、規制緩和・民間活力活用の考え方のもとに、指定事業者の自由な参入、居宅介護支援についての自由な参入等を図ってきました。しかし介護保険法の見直しに際して、新予防給付の創設等により市（区）町村の権限

を大幅に増やしたことで、自由な参入は相当の規制を受けることになります。

その結果、新予防給付対象外の部分で同様の規制を受けることになるとすれば、介護保険の利用しやすさや指定事業者の今後の事業戦略にとって大きな制約要因になる可能性があります。

4 居住系サービスの体系的見直し ──在宅重視へ

新介護保険制度では、入所施設について、質の改善のために個室化とユニット化を推進し、在宅の居住者との均衡の観点からホテルコストの徴収と、利用者の重点化（重度者）へシフトする方向で整理されています。それはノーマライゼーションの考え方と合致するとともに、財政的観点からの要請にも合致するものです。

しかし、そのためには、居住系のサービスを受けられる場を確保することが不可欠です。施設入所の最大の理由は、たとえそれが比較的軽度であったとしても、「在宅での生活が困難」であることだからです。

個別の理由としては「介護者がいない」「超高齢者で全体的機能の低下」等があります。在宅の基盤整備をしないで施設入所を制限すれば、介護保険創設の考え方と逆行した「介護地獄」や「社会的入院」の方向に向かいます。日本のこれら施設・住宅群の整備状況は、実態からも、また他国と比較しても少ないといえます。

地域で生きる高齢者向け住まいの必要

下表のように、日本の場合は介護施設および高齢者向けのケア付き高齢者住宅と

各国の高齢者の居住状況（65歳以上人口に対する定員の比率）

国名・年度	介護施設		ケア付き高齢者住宅	
英国　　　　1984	老人ホーム	3.0%	リタイアメント・ハウジング	5.0%
スウェーデン 1990	老人ホーム	3.0%	サービス・ハウス	5.6%
デンマーク 1989	老人ホーム（プライエム）	5.0%	サービス付き高齢者住宅等	3.7%
米国　　　　1992	ナーシング・ホーム	5.0%	リタイアメント・ハウジング	5.0%
日本　　　　2002	介護保険3施設	3.2%		0.8%

（厚生労働省全国介護保険担当課長会議資料16.10.12より）

もに、諸外国に比較して高い水準とはいえません。他の国が両方合わせて、高齢者人口の8％〜10％程度整備されているにもかかわらず、都市化・高齢化が進んだ日本の整備率は4％程度と極端に低い現状にあります。

　住まいは生活の基本であり、どのような住まいを地域に整備していくかは、日本の福祉制度を有効に機能させるための最低条件ともいえます。

　今後、介護施設については次のページの図のように多床室から、個室化・ユニット化への流れが強まる中で、高齢者向け住まいの拡充が必要です。その際、単に箱物としての住まいをつくり、そこにサービスを内部・外部から付加するだけでなく、地域の理解や応援を得ることが重要です。また、そのような生活の場は、可能な限り繁華街に近い場所につくることが、街の活性化や高齢者のQOLの向上に役立つと思われます。

　地域の実態に応じた多様な暮らしの場を設計することは可能です。高齢者から若者まで多世代が入居できる住宅、介護サービスが付設された住宅、仲のいい高齢者同士が適当な距離感を保ちながら暮らせる住宅、認知症の人を包み込める人間関係が生まれる住宅など、民間や行政、その他の機関等の協力が期待される分野です。

■ 施設入所の重点化と超高齢者に合った住宅整備の重要性

　新介護保険制度では、施設入所対象の重点化（入所者の重度化）を図る予定です。平成16年度現在、介護保険3施設（特別養護老人ホーム・老人保健施設・療養型病床群）の利用者全体に占める要介護4・5の者の割合は59％ですが、平成26年度には、これを70％にすることが考えられています。

　これは入所施設の有効活用という観点から当然ともいえますが、介護度が低い利用者には、80歳以上の方が多くいます。平成13年度の介護サービス施設・事業所調査からみると、要介護2以下の入所者17万5,025人中で、80歳以上が12万4,322人と70％強となっています。

　これは介護者の問題などで在宅での生活が困難なため、施設に入所しているからでしょう。さらに、超高齢者の場合は認知症の発症率も高いことが想像されます。施設の代替として、これら高齢者の暮らしに対応できる場の整備が必要です。

　現在、養護老人ホームの転換や、シルバーハウジング、グループリビング等の住まいのあり方の検討が行われていますが、重要なのはサービスのつけ方以上に、地域との関係、地域からの支援を受けられるような設計ではないでしょうか。

　グループホームなどの箱物は「住まい」の場にすぎません。「生活」の場となるためには、そこで普通の人たちと同じように地域との関係、人との関係がつくられていなければなりません。「かわいそうな人」ではなく、認知症という特性がある（年をとったらしわがある、顔つきも性格も人さまざま、といったことと同様に）

今後の入所施設の整備の方向（特養老人ホームの例）

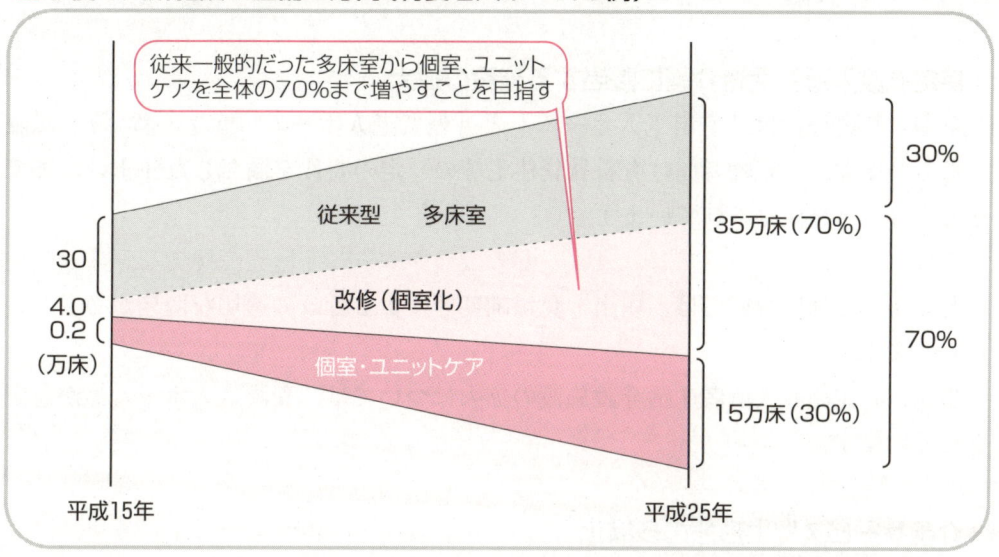

従来一般的だった多床室から個室、ユニットケアを全体の70%まで増やすことを目指す

- 従来型　多床室：35万床（70%）→ 30%
- 改修（個室化）
- 個室・ユニットケア：15万床（30%）→ 70%

平成15年：30／4.0／0.2（万床）　平成25年

（厚生労働省全国介護保険担当課長会議資料16.9.14より）

だけの普通の人としての暮らしが実現される必要があります。昔、日本では外国人を見て、「外国人、外国人」と騒いだ時代もありましたが、今は、そのような特別な意識は働かないと思います。認知症の人たちとの関係もそのような関係として地域に捉えられる必要があり、それがないまま、単に「箱物としての住まいの場」が整備されたとしても「普通の暮らし」は回復できません。

5　住まいの見直しの方向

　入所施設から在宅での暮らし重視への転換を図る方策として、現在以下の検討が行われています。これ以外にも、地域の多様な暮らし方と組み合わせたサービスの利用や、住民相互の知恵の出し合いによる「暮らしの場」の工夫が期待されます。

　その際、要介護者の生活実態を熟知し、地域の社会資源を熟知したケアマネジャーによる地域の福祉資源開発等のスキルの活用が、これからの福祉の展開には重要です。行政のみが福祉の開発を行うわけではありません。地域の特性、資源、人との関係を熟知したケアマネジャーの出番ともいえます。そのようなケアマネジャーの養成や活動しやすい場面を用意することも、新しい行政の仕事と考えられます。

(1) 高齢期の住み替えニーズへの対応

　今後、団塊の世代の高齢化に伴って高齢者のみの世帯が急増します。そこで、そうした人々が要介護状態になった後でも暮らせる住宅を確保する必要から、以下の

ような対策が考えられています。

● 特定施設入所生活者介護に該当する施設の拡大

現在、特定施設は「有料老人ホーム」と「軽費老人ホーム（ケアハウス）」に限られていますが、高齢者向け有料賃貸住宅等の一定の要件を満たした住まいにまで拡大することが検討されています。

その「要件」は、バリアフリー、安心のためのサービス、適時適切な介護の提供などです。これについては、届出・登録制度等による行政の適切な関与が必要とされています。

現在、特定施設入所者生活介護施設の拡大については、養護老人ホーム等が想定されています。

● 介護サービス提供形態の多様化

現行の特定施設の介護サービスの提供形態は「要介護状態になってからの住み替え」を想定しているため、要介護状態になる前の「早めの住み替え」には対応していません。そのため、早めの住み替えに対応した外部サービスと連携した介護サービスの提供形態を可能とするなどの弾力化、人員基準・報酬基準の見直しが検討されています。

● 高齢者の住み続けの保障

住み続けの保障のための居住に関する望ましい契約形態の普及策を検討しています。

● 有料老人ホームの定義の見直し

介護がついている住まいの適切な普及や消費者保護の観点での見直しが検討されています。

● 入居者の選択に資する仕組みの構築と行政の関与

介護サービス情報の公表と住み替えに関する相談体制の整備を行い、事業者の説明責任を明確化し、入居者の理解・納得を必要とするとされています。

介護サービス情報の公表については、次ページの図のように公表するだけで足りる「基本情報」と事実かどうかを客観的に調査する「調査情報」を定めます。そして、調査情報に関しては都道府県が指定した調査機関が年1回程度調査します。

そのうえで指定情報公表センターが介護サービス情報を公表し、利用者はそれをもとに事業者の選択ができることになります。

◆ 介護サービス情報の公表（情報開示の標準化）

介護保険の事業者および施設

介護サービス情報

介護サービスの内容と運営状況に関する情報であって、要介護者等が適切かつ円滑に介護サービスを利用することができる機会を確保するために公表されることが必要なものとして厚生労働省令で定める

基本情報（仮称）	調査情報（仮称）
基本的な事実情報であり、公表するだけで足りるもの	事実かどうかを客観的に調査することが必要な情報
例 ● 事業所の職員の体制 ● 床面積、機能訓練室等の設備 ● 利用料金、特別な料金 ● サービス提供時間　等	例 ● 介護サービスに関するマニュアルの有無 ● サービス提供時間の記録管理の有無 ● 職員研修のガイドラインの有無 ● 身体拘束を廃止する取り組みの有無　等

そのまま報告（年1回程度）　　　報告内容が事実か調査　　　報告（年1回程度）

都道府県知事または指定調査機関（都道府県が指定）

- 中立性・公平性の確保
- 調査の均質性の確保

都道府県知事 または 指定情報公表センター（都道府県知事が指定）

- 介護サービス情報を公表

利用者（高齢者）

介護サービス情報に基づく比較検討を通じて介護保険事業者を選択

(2) 施設から在宅へ ——サテライト型居住施設（特養ホーム）

　特別養護老人ホームのサービスの改革の1つとして、個室化・ユニットケアという新たな展開が始まっています。これは、1人ひとりの個性を重視することを理念にすえたグループホームが誕生し、その全室個室という住まい方が、特別養護老人ホームの質の改善に際して、影響を与えたものとみることができます。平成18年度の見直しでは、さらに既存特養ホームの定員の一部を地域に展開する目的で「サテライト型特養ホーム」が提案されています。

　従前の「小規模単位型特別養護老人ホーム」は特養ホームであり介護保険施設でしたが、サテライト型特養ホームは施設ではなく、居住施設としての位置づけです。

　なお、29人未満の特養ホーム等は、分類としては介護保険施設ではなく、地域密着型のサービス施設となります。

◆サテライト型居住施設の設備・人員要件

		小規模生活単位型	サテライト型居住施設
立地規制		なし （山の中でも可）	●母体施設との連携に支障がなく、かつ、家族や地域住民との交流の機会が確保される地域の中に設置されなければならない
規模	定員規制	最低定員20人	●最大でも2ユニット（数人規模でも可） ●居宅サービス事業所を併設する場合、当該事業所の利用定員は最大20名程度
母体施設の調理	調理室	必置	●母体施設の設備の利用と運搬時の適切な衛生管理を条件に簡易な調理設備で足りる
	栄養士調理員	必置	●母体施設の栄養士との連携を条件に、必置職員から除外
設備基準	医務室	必置	●母体施設の設備の利用を条件に、入居者の健康管理を行うために必要な医薬品及び医療器具を備えること等で足りる
	廊下幅	中廊下　1.8m 片廊下　1.5m	●中廊下1.6m、片廊下1.2m （建築基準法による）
人員基準	事務員等	必置	●母体施設の事務員等との連携を条件に、必置職員から除外
	介護職員	6（常勤要件なし）	●1（常勤）＋5（常勤要件なし）
	看護職員	1（常勤）	●1（非常勤職員でも可）
	生活相談員	1（常勤）	●併設事業所の生活相談員と兼務可
	施設長管理者	1（常勤）	●原則として母体施設の施設長または管理者が兼務することとし、配置する必要はない。

（厚生労働省全国介護保険担当課長会議資料16.10.12より）

- **サテライト型居住施設の法律上の位置づけ**

　老人福祉法・介護保険法上は、母体施設とは独立した1つの特別養護老人ホームであり、設置の認可（届出）または指定の対象となります。
　介護報酬は、小規模生活単位型介護老人福祉施設のものを適用することが見込まれています。指定を行うのは、地域密着型サービスの一種として、保険者です。

（3）**養護老人ホーム・軽費老人ホームの将来像**
- **養護老人ホームの将来像**

　入所者の介護ニーズには介護保険制度により対応することとし、今後のあり方については次のいずれかを選択することになります。
- 外部サービス利用型措置施設への転換
- 介護サービス内包型契約施設（ケアハウス）への転換
- 上記2部門を有する施設への転換

- **軽費老人ホームの将来像**

　軽費A型、軽費B型、ケアハウスを統合し、今後の新設はケアハウスに限定される見込みです。

6　人材確保の取り組み

　サービスの質の改善のために、人材の確保・育成の取り組みが行われます。

ケアマネジメント体制の見直し

　サービスの要となるケアマネジャーに関して、以下の見直しが行われます。

- 地域包括支援センターの設置（市<区>町村事業）
- ケアマネジャーの更新制度の導入・現任研修の強化
- 担当ケース数の減数
- 主任ケアマネジャー制度の創設

ケアマネジャーの更新研修義務

　ケアマネジャーの義務として以下の6つがあげられています。

- 介護支援専門員の登録
- 登録の移転

- 登録事項の変更の届出
- 死亡等の届出
- 申請等に基づく登録の削除
- 介護支援専門員証の有効期間（5年）の更新の際には研修を受ける
  →研修の後に介護保険員証が交付される

介護従事職員の質の向上～介護福祉士の積極的活用

　厚生労働省・介護保険部会報告書において、「介護職員については、資格要件の観点からは、将来的には、任用資格は『介護福祉士』を基本とすべき」とされ、あわせて研修の強化が提案されています。

　施設職員についてはこの方向が強まると思われますが、ホームヘルパーについては、同報告書で「当面は研修の強化等により2級ヘルパーの資質の向上を図ることを検討する必要」とされており、当面はヘルパーについては研修強化による対応とされています。

　なお、ヘルパー講習修了者は一定期間（3年間）実務に就くことで、介護福祉士の国家試験受験が可能になりますから、介護福祉士取得も積極的に考えるべきでしょう。

研修体制とサポートが必須

　サービスの質の改善には、サービス体系等の見直しも必要ですが、従事する人材のスキルアップが不可欠です。そのためには、優秀な人材を集め、きちんとした研修体制と、事業に従事した後のサポート体制が必要です。

　単なる形だけの「資格制度」や「研修」では「体をなさなかったこと」は、ケアマネジャーの例を持ち出すまでもなく明らかです。同業者の視線だけでなく、他者の視線も入れて実態を冷静に分析し、対応策を実施することが望まれるゆえんです。単なる業界保護の視点で行われるとすれば、それは将来に禍根を残すことになります。

6 認知症高齢者を保護するための機関・関連法

▶専門機関の活用で利用者を守ります

ケアマネジャーに必要な最低限の知識

　認知症高齢者は判断能力に混乱があり、表現は下手かもしれませんが、自分の意思や喜怒哀楽まで失われているわけではありません。暮らしの中で、生きる喜びを満喫できるようサポートすることが大切です。また、家族が支えている場合は、家族の疲労も並大抵ではありません。それらを全体として把握し、折り合いをつけていくのがケアマネジャーの仕事です。

　そのいっぽう、無駄なものを買わせるなど高齢者をだます手口が拡がっています。特に認知症のある高齢者は防御能力が弱いと思われます。また、虐待等の被害が発生していることも考えられます。

　ケアマネジャーがこのような場合に対処するためには、まず最低限の知識が必要です。ここでは簡単な説明と、問い合わせ先等を例示します。

　わからないことは、自分で考えるよりも以下で述べるような専門機関に尋ねることが必要です。また、聞くときは要点をまとめ、簡潔に説明できるよう準備をしておくようにします。それと、当然ですが、対人サービスを担う「担当者」のレベルには格差があることも知っておきましょう。新しい分野では勉強不足の人も中にはいます。担当者の当たりはずれに注意してください。

1 ◆◆◆ 不要なものをだまされて買わされた場合

　訪問販売で不要な高額商品（羽毛布団、浄水器等）を買わされた、あるいはきちんとした説明をしないで、誤解するような説明をされて契約をした場合（消防士と偽って消火器を売る、傷んでいない屋根の修理、監督官庁を装った不要な工事等）の対応には以下の相談機関があります。あわせて関連法もあげておきます。

相談機関
　市(区)町村の消費者センター、都道府県消費者センター、国民生活センター等

関連法
　消費者契約法、訪問販売に関する法律

2 虐待の可能性がある場合

老人虐待については、在宅介護支援センターで対応することとされていますが、老人虐待の具体的内容については新しい分野であり、対応も含めてわかりにくい現状にあります。必要であれば市(区)町村にも相談して、問題解決を図る必要があります。

相談機関
市(区)町村、在宅介護支援センター（平成18年度以降は順次、地域包括支援センターへ移行）等

3 提供されている介護サービスに問題がある場合

サービスに対する苦情は、当該サービス提供事業者、あるいはケアマネジメント機関等での解決が望まれますが、諸般の事情で困難な場合は、次の機関が考えられます。

また、各県の国保連では苦情相談事例をホームページ等で公開していますから、それを参考にするのもよいと思います。しかし、中には相談・苦情解決とはとてもいえない対応もありますから、注意しましょう。

相談機関
市(区)町村、都道府県国民健康保険団体連合会、基幹型社会福祉協議会
関連法
介護保険法、社会福祉法

4 契約等を行う判断能力・意思能力が失われた場合

契約には、正常な判断能力と意思能力が必要です。判断能力が不十分なため、内容を理解したうえでの意思表示が困難になったような場合には、代理人を選び、本人の利益に沿って契約等の代理を行ってもらう必要が生じます。特に財産があり、その管理や運用が必要な場合や入院・入所の契約では注意が必要です。

相談機関
成年後見制度関連　→　家庭裁判所、弁護士会無料相談、司法書士会、基幹型社会福祉協議会等（地域によって異なるので、確認が必要）

関連法

民法、任意後見契約に関する法律、社会福祉法

　以上の行為は、民法の不法行為や刑法に抵触する場合もあるかと思われます。したがって、相談機関としては、市（区）町村役所の無料法律相談、警察署、消防署等も考えられます。抱え込まずに、迅速に処理を行うことが重要です。

　そのためには、地元の関係相談機関一覧を作成しておくと便利です。また、国民生活センター編「くらしの豆知識」は安価で役に立つので、1冊そばに置くことをお勧めします（国民生活センターホームページ http://www.kokusen.go.jp/ または電話 03(3449)1001でお尋ねください）。

7 結び

▶主体的なケアマネジメントがますます望まれます

1 まず「暮らし続けられること」を考えよう

　認知症の高齢者への対応としては、リロケーションダメージ等を考えると、その人が住み慣れている今居住している場所で、いろいろなサービスを投入して暮らしを維持することが重要と思われます。「人は入院することで患者になる」という言い方があります。必要な医療連携はとるべきですが、「認知症高齢者」と意味のないレッテルを貼り、それまでの人間関係を損なうようなサポートはしないよう心がけるべきです。

　そのためには、介護サービス事業者以外の、地域で暮らす人々の温かい視線が必要です。高齢になると誰でも認知症高齢者になるリスクを背負うこと、また認知症高齢者にとって地域で暮らし続けることが、歳をとってからの「転居」よりもよいことを感覚的に理解してもらう必要があります。コミュニティワークといっても限界がありますから、これは行政の仕事でしょう。行政は住みやすい環境を、「地域福祉計画」の中で追求することが大事です。それが結果として経費抑制につながります。

　通所型のサービスや見守り、話し合い等の介護保険対象外サービスも必要となります。

2 暮らし続けることが困難になった場合の選択肢

　不幸にして、現在住んでいる場での生活継続が困難になったときは、移転が必要となります。

▪ 現在の福祉資源の活用

　認知症高齢者グループホーム、有料老人ホーム、特別養護老人ホーム、老人保健施設、介護療養型医療施設等の入所施設群が考えられます。

　しかし、その質はどうなのかと考えると、専門施設としてのグループホームの質については前述したとおり多くの課題を抱えているように思えます。また、入所系施設の場合は待機等すぐに利用できない場合もあります。

◘ **新たなサービスとしての地域密着型サービスのメニューから選ぶ**

　地域密着型サービスの特徴は、「特定の地域ごと」に展開され、サービスとしては小規模多機能（宅老所的なものも含まれる）、認知症デイサービス、認知症グループホーム、地域密着型介護老人福祉施設があります。これから増加すると見込まれる「認知症」を抱えた高齢者への支援のしくみを構築できる余地が出ています。

　特定の地域にどのようにサービスを配置するか、その入所系サービス群を認知症高齢者の行動範囲に組み込むことが可能であれば、自宅と一部入所系のサービスの併用も考えられます。

◘ **今住んでいる場所と入所の間の支援を考える**

　今住んでいる場所での生活継続が困難になった理由を解明し、その解決を介護者家族の負担にゆだねるのではなく、新しいサービスの利用でクリアできるような仕掛けを考えることができると、転居・住み替えのリスクが緩和されます。

3 転居した場合の対応

　認知症の対応施設等へ転居すれば、人間関係も変わります。例えば、家族との関係は、家族というよりも「お見舞い」という感情が強くなるでしょう。また、友人・知人との関係も、対等な「人対人」の関係が「人対認知症になった病人」と、いわば上下関係のようなものが発生するのではないでしょうか。このような感情の移ろいが、敏感になっている高齢者にダメージを与えます。

　そこで、以下のような取り組みが必要ではないでしょうか。

- 転居先は、なるべく今の住まいの近所にする。
- これまでの人間関係は継続する。受け入れ施設等のケアマネジャーは従前の人間関係の維持を心がけ、実践する。例えば家族の団らんが行われていたのであれば、家族の見舞いではなく、団らんを演出する。
- 従前のように外出する。そのために必要なボランティア等の確保も行う。
- 市（区）町村等の行政は、そのような住まい方のサービスモデルづくりを援助する。

4 ◆◆◆ 21世紀の新しい関係

「介護する人・される人」という関係を、「介護も受けている人・受けていない人」という関係に転換できないでしょうか。つまり、あくまでも人と人の関係で、それが背が高かったり低かったり、はげていたりいなかったりと同様に、介護がある人とない人と、ごく普通に受け入れられる人間関係となるような、新しい関係を社会としてつくり出せないものか、と思います。

そのために保険者の役割が重要です。日本は官主導で、また中央官庁主導で福祉を展開しています。地方分権といっても、国は交付金やサービスの実施要綱等により、サービスの出し方・範囲まで地方の自主性・主体性を縛ってきました。介護保険の運用をみても、法律・政令・省令、個別の通知等で詳細に実施方法が決められています。

その結果、何も考えない、言われたこと以上は決して実施しない市(区)町村ができあがりました。お役所仕事の根拠ともいえます。現在も地方分権といいつつ、財源・権限等に多くの制約があります。

しかし、少しずつその統制も限界に達していることも事実です。限られた財源をいかに有効に、効率的に使い、住民の福祉に充てるかの裁量はだんだんと大きくなっています。そのことはお役所体質を考えると、自治体間格差の拡大として現れるはずです。

市(区)町村には、現況を踏まえ、地域に即したサービスの展開と、住民福祉をコーディネートすることが強く求められています。

ケアマネジャーは今、こうした過渡期にあることをよく踏まえて常に情報を得る努力をしながら、柔軟に対応していただきたいと思います。

現在のケアマネジメントの質は憂うべき状況にあります。21世紀の日本の福祉サービスの「質」は、ケマネジャーの質にかかっているといっても過言ではありません。示されたことを暗記して行うのではなく、自ら考え行動する主体性が強く求められています。

（長谷憲明）

善意の罠
セルフケアプランが原点だと認識しよう

　ひとり暮らしの母が転倒して肋骨を骨折し、比較的評判のいいある事業所に申請の代行と暫定ケアプランの作成を依頼した。

　とても感じのいいケアマネジャーがやってきて、会話の中に織り交ぜて調査を行っている。相当の熟練者と思われた。最後サービス利用の段階でそれは起こった。「要支援ですと約62,000円程度のサービスが利用できますから、週2～3回程度掃除と食事作りができますよ」と笑顔で提案する。要支援程度で、身辺自立ができていること、通所介護を本人が嫌っていることからの提案である。親切な提案というべきだろう。しかし、利用者からみると、ここに大きな問題がある。

　利用者にとっては、介護保険の上限額の範囲内まで使いきるサービス利用が目的ではない。自分が望んでいる生活を今後も継続できること、また放置しても低下する身体状況・生活リズムの改善は無理としても、現状維持が重要である。つまり、生活のリズムの中で自分でもできていることに外部サービスを積極的に入れることは、本人の自活能力を低下させることになる。

　問題はこのようなことは、たぶん普遍的に起きているのではないかということである。ケアマネジャーの善意は疑うべくもない。しかし、発生する。

　その原因は、介護保険のケアマネジメントについて基本的理解が欠落していることにあるように思える。生活の基本は自己決定＝自分の生活を自分で決めること、である。それを介護保険では「セルフケアプラン（セルフケアマネジメント）」といっている。この意味の理解が不十分なまま「専門職としてのケアマネジャー」が「専門的視点」から「利用者の生活のマネジメント」を行うことと誤解されている。

　そもそもの専門性が不十分なままに、専門的な立場から「他人の生活のマネジメント」を行ったらどうなるか。とても恐ろしいことである。今、それが起きている。研修にしても、資格にしても、基本的考え方についての「基本の基本」の理解がないままに、いたずらにテクニカルな対処に走っているように見える。

　ケアマネジメントは技術である。それは善意・優しさといった情緒的態度とは異なる。善意・優しさが不要というのではなく、そのうえにスキルが必要ということだ。その前提として、「自分の生活を決めるのは本人自身」であること、すなわち「セルフケアプラン」が原点であり、ケアマネジャーは専門知識・スキルを持ったセルフケアプランづくりのサポーターという認識が徹底しないと、不毛なケアマネジメント論議は今後も続くように思われる。実にさみしいことである。（長谷憲明）

【著者紹介】（執筆順）

土屋　典子（つちや・のりこ）
1994年東京都立大学社会科学研究科社会福祉学専攻修士課程修了。同年、財団法人調布ゆうあい福祉公社に入る。
2000年より介護支援専門員として介護保険事業に携わる。2003年より東京都立大学（現首都大学）社会科学研究科社会福祉学専攻博士課程在籍中。
著書：共著に『居宅サービス計画書のつくり方・サービス担当者会議の開き方・モニタリングの方法』（瀬谷出版）、『社会福祉士、精神保健福祉士、介護支援専門員になるために』（誠心書房）、『在宅介護支援センターのソーシャルワーカー』（有斐閣）他。

春日　武彦（かすが・たけひこ）
1981年日本医科大学卒業。医学博士。産婦人科医として大学病院に6年間勤務の後、精神科医に転ずる。現在都立墨東病院精神科部長。
著書：『援助者必携　はじめての精神科』（医学書院）、『何をやっても癒されない』（角川書店）、『幸福論』（講談社現代新書）、『ロマンティックな狂気は存在するか』『私たちはなぜ狂わずにいるのか』（以上新潮ＯＨ！文庫）、『顔面考』（紀伊國屋書店）、共編著『精神症状へのアプローチ』（南山堂）他多数。

長谷　憲明（ながたに・よしはる）
1970年早稲田大学商学部卒業。同年、東京都に入る。生活保護、障害福祉、高齢福祉などの法施行事務に従事。
2002年関西国際大学経営学部教授、現在に至る。
著書：『介護保険制度入門』（瀬谷出版）、『よくわかる実用介護保険』（環境新聞社）、共著に『居宅サービス計画書のつくり方・サービス担当者会議の開き方・モニタリングの方法』（瀬谷出版）他。

〈居宅介護支援専門員のためのケアマネジメント入門②〉
認知症高齢者を支えるケアマネジメント

2005年6月10日　初版第1刷発行

著　者──土屋典子・春日武彦・長谷憲明
装　丁──諸星真名美
本文デザイン──浦郷和美
イラスト──福井若恵
発行者──瀬谷直子
発行所──瀬谷出版株式会社
　　　　　〒102-0083　東京都千代田区麹町2‐6‐602
　　　　　電話 03-5211-5775　FAX 03-5211-5322
印刷所──株式会社フォレスト

乱丁・落丁本はお取替えします。許可なく複製・転載すること、部分的にもコピーすることを禁じます。
Printed in Japan ⓒNoriko Tsuchiya and Takehiko Kasuga and Yoshiharu Nagatani